ナチ時代のドイツ国民も「犠牲者」だったのか

犠牲者の歴史政治学

高橋秀寿
Takahashi Hidetoshi

白水社

ナチ時代のドイツ国民も「犠牲者」だったのか——犠牲者の歴史政治学

ナチ時代のドイツ国民も「犠牲者」だったのか——犠牲者の歴史政治学

目次

第5章　性暴力犠牲の語りとトラウマ

終章

序章

1 ナチ時代のドイツ国民＝「犠牲者」？

ナチ時代のドイツ国民も「犠牲者」だったのか？——この問いは、主語を「ナチ時代のドイツ国民」から「現在のイスラエルのユダヤ人」に代えるならば、考察に値するものだとすぐに理解できるであろう。二〇二三年一〇月に始まったイスラエル軍のガザ侵攻は、圧倒的な軍事力の差のもとにいま（二四年一一月現在）なお非戦闘員を含む数多くのパレスティナ人犠牲者をもたらしており、ガザ地区の悲惨な状況を目にした多くの人びとがイスラエルのユダヤ人を「加害者」、パレスティナ人をその「犠牲者」と見ている。しかし、ハマスによるイスラエル攻撃とユダヤ人の殺害と拉致がこの侵攻の直接的な発端であり、その意味でユダヤ人も「犠牲者」であった。また、ユダヤ人はホロコーストという「唯一無比」のジェノサイドの「犠牲者」であった過去をもつために、今回の軍事侵攻を許容する国際世論もある。そしてどちらが「犠牲者」で、どちらが「加害者」なのかという問題は、ガザ侵攻の現状を政治的・社会的・外交的に判断するうえでつねに念頭に置かれている。

しかし、「ナチ時代のドイツ国民」がこの二つのカテゴリーのどちらに属するのかという問いは、多くの人びとにとって自明であり、問う必要のないものだろう。ナチ時代のドイツ国民は「加害者」以外にはありえないと考えられているからである。つまり、ヨーロッパ大陸の大半を占領し、数千万といわれるおびただしい犠牲者を出し、ヨーロッパを荒廃させた第二次世界大戦の張本人である第三帝国の国民が「犠牲者」であるわけがない。ナチス・ドイツの国民は、ユダヤ人市民を迫害し、その絶滅のための収容所を建設し、まるで工場の流れ作業のようにガス室で生命を奪い、焼却炉で存在そのものを消し去り、最終的に六〇〇万人というユダヤ人を抹殺したのではないか。たしかに、この罪に直接的に手を下し、責任を負う者は国民のほんの一部であった。また、ユダヤ人絶滅政策の実体を当時のすべてのドイツ国民が知っていたわけではなく、むしろ正確に知っていた国民は少数だった。しかし、職業、経済活動、結婚、性交、居住、交通などにおけるさまざまな日常的差別、財産の没収、「黄色い星」記章の装着義務、ユダヤ人商店やシナゴーグの破壊、家畜用貨車に詰め込まれた強制収容所への移送などの政策は、まさにドイツ国民が見ている前で、ドイツ国民とともに実行されたではないか。ナチスの政治・社会・経済・外交・軍事的な成功――独裁体制の樹立によって安定した秩序を回復した政治・社会的成功、大量失業を克服するという経済的成功、ズデーテンやオーストリアを併合する外交的成功、ヨーロッパ大陸に侵攻してヴェルサイユ条約の屈辱を晴らし、この条約による国土の損失を取り返した開戦当初の軍事的成功――にドイツ国民の大多数は喝采を送り、熱狂的にその政策を支持していたのではないか。そんな国民が「犠牲者」でありえるわけがない、と。

もちろん、ドイツ国民全体がナチズムに熱狂していたわけではない。国民全体のこの「熱狂」は歴史的事実であるというよりも、むしろナチス自身のプロパガンダによって生み出されたイメージである。戦後にそのプロパガンダ映像は、ナチスを支持したドイツ国民の責任を問うために連合国側によって利用され、またナチ時代を題材にした映画などもこのイメージの継承に貢献したため、私たちはこの「熱狂」を歴史的現実と思いがちである。さらに私たちは、この「熱狂」の舞台裏で亡命を余儀なくされ、弾圧され、あるいは強制収容所に送られ、命を奪われた社会民主主義者や共産主義者、自由・民主主義者など多くのドイツ人の存在を忘れがちである。このような弾圧や抑圧を恐れて政治や社会の表舞台から姿を消して口をつぐみ、あるいはひそかにナチスに不平不満を漏らし、ときには批判的な態度をとっていたドイツ人がいたことも事実である。ともかく、〈ドイツ国民＝ナチスの熱狂的支持者〉の図式はこの時代の歴史的理解にとってけっして適切なものではなく、それどころか、歴史的現実を大きく歪めてしまうことは確かだ。

それでもなお、次の事実だけは否定できないだろう。つまり、ヒトラーは民主的な手続きによって合法的に首相の座に就いたのであり、その後は暴力的手段で政敵を壊滅し、独裁体制を確立していったにもかかわらず、ナチ政権が政治・経済・外交的な成果を国民に実感させて以来、少なくとも過半数を大きく超える国民がナチス体制を最後まで支持し、その政策に従ったという事実である。そのような国民を「犠牲者」と見なすことはできるのだろうか。また、その国民がナチ時代の歴史的自己を「犠牲者」であったと主張できるのだろうか。それは道徳的に許されることなのであろうか。ナチス・ドイツの軍隊に国土を蹂躙された多くのヨーロッパ人にとって、とくに家族・親族の大半をホロコーストで失ったユダヤ人やロマ人の生存者にとって、その答えは明白である。ドイツ国民はただただ「加害者」なのであって、たとえドイツ人から何らかの「犠牲者」が出たとしても、それは自業自得にすぎない。つまりドイツ人の犠牲は当然受けられるべき罰であって、ドイツ人をユダヤ人やほかの迫害・殺害された民族的マイノリティやほかの国の戦争被害者と同じ「犠牲者」の範疇に含めることは許されない、ということになろう。

ナチズムの過去に対する戦後ドイツの取り組みに関心を寄せている人も、ナチ時代のドイツ国民を

「犠牲者」のカテゴリーで捉えることには違和感を覚えるかもしれない。ドイツ人はナチ時代の過去を真摯に見つめ、過去の過ちを深く反省する「過去の克服」の推し進めてきたのではなかったのか。それなのに、ドイツ国民がユダヤ人などと同じ「犠牲者」のラベルを自分の身に着けてしまうと、「加害者」としての自己を相対化し、自らの罪を軽減しかねず、それは「過去の克服」の理念に反することではならないだろうか。そのようなことは第二次世界大戦とホロコーストを引き起こした国民に許されることなのか。このような疑念は、ナチス・ドイツの同盟国であり、同じ敗戦国となった日本においては特別な意味をもつであろう。というのも、日本ではもっぱら「犠牲者」――たとえば、ABCD包囲網による犠牲者、暴走する軍部が起こした戦争のために徴兵され、命を失った犠牲者、戦死を前提に飛び立っていった特攻隊の犠牲者、アメリカ軍の空襲によって焼け死に、焼け野原での生活を強いられた犠牲者、原爆投下による「唯一の被爆国」の犠牲者、中立条約を一方的に破棄して北方領土を占領されたソ連の犠牲者――というカテゴリーを通して第二次世界大戦は記憶され、この記憶を通して戦後国民が形成されてきたからである。たしかにアジア諸国に対する「加害者」としての過去を真摯に見つめることを求める声もこれまで張り上げられてきたが、〈日本国民＝戦争犠牲者〉の図式的理解は戦後日本のコンセンサスとまではいえないにしても、多くの人びとが自明視する歴史的自己理解であろう。そのため、ナチ期の加害の歴史を公的に記憶する政治文化を築いてきた戦後ドイツ国民は、歴史を真摯に見つめ、反省する戦後国民を形成しようした革新勢力にとっては見習うべき「過去の克服」の優等生だったといえる。したがってこの勢力にとって、戦後ドイツ国民もナチ時代の歴史的自己を犠牲者として理解していたということは不都合な事実となりかねない。一方で、朝鮮半島や台湾の植民地化や南京の虐殺事件、従軍慰安婦といった加害の歴史が言及されると保守勢力から必ずと言ってよいほどヒステリックな拒否反応が呼び起こされてきた。したがってドイツの「過去の克服」は保守勢力にとって煙たい存在だったのであり、犠牲者としてのドイツ国民の自己認識はドイツの過去との取り組みを理想とする革新勢力の論拠を掘り崩す意味で歓迎すべき事実になりえる。

しかし、〈ナチ時代のドイツ国民は「加害者」と「犠牲者」のどちらの範疇に属するのか〉という問題を、客観的な歴史的事実としてではなく、〈戦後生まれも含めたドイツ国民はナチ時代の国民をどちらの範疇で認識してきたのか〉という形で問うと、「犠牲者」認識は今日に至るまでドイツ国民にとって重要な役割を果たしてきたことが明らかになってくる。たとえば、一九五一年のアメリカ軍の世論調査は、援助を受けるべき「犠牲者」のリストにおいて西ドイツ人がユダヤ人をドイツ人犠牲者よりも下位に位置づけていたという衝撃的な事実を明るみに出している。西ドイツ人の九割以上がドイツ人の「未亡人・孤児」「爆撃被害者」「避難民・被追放者」を、七三パーセントが「七月二〇日事件（ヒトラー暗殺未遂事件）への関与で処刑された者の家族」を援助の対象としてリストアップしていたのに対し、「第三帝国と戦争で被害を受けたユダヤ人」に対してその数字は六八パーセントにとどまり、五人に一人がこのユダヤ人への援助を拒否していたのである。(1) ここから理解されることは、当時のドイツ人に反ユダヤ主義的感情が根強く残っていたことだけではない。「未亡人・孤児」と「爆撃被害者」を戦争犠牲者、「七月二〇日事件への関与で処刑された者の家族」をナチ独裁体制の犠牲者、敗戦によって失われた領土からの「避難民・被追放者」を敗戦処理の犠牲者と見なすならば、戦後初期においてドイツ人が「犠牲者」であるという自己理解は例外ではなく、むしろ自明視されていたのである。そして「犠牲者」とはまず自分たちのことであって、この犠牲者意識はユダヤ人やほかのヨーロッパ国民に対する加害者としての責任意識を凌駕していたのである。翌年の五二年にドイツ人によって行われた世論調査の結果も、少なくとも現在の私たちにとってショッキングである。「この国にユダヤ人はいないほうがいいですか」との質問に首を横に振ったものは二割にすぎず、三七パーセントが首肯し、ほぼ半数が明確な態度を示さなかったのである。(2)「犠牲者」観と「ユダヤ人」観はまさに相関関係にあったといえる。

もちろん、これは終戦から数年後の「犠牲者」/「ユダヤ人」観であって、この調査からもう七〇年以上の歳月が流れている。この世論調査に回答した大部分の人びとはすでに他界しており、西ドイツ国家は統一ドイツに拡大し、世代はすっかり入れ替わった。すでに一九五〇年代末から、西ドイツではナチズムの過去が克服されていないことが政治的課題として意識され始めたが、その後もナチズムの過去に対して直接的に政治的責任をもたない世代が人口の比率において増加し、西ドイツの国家と社会を担っていくにしたがって、ナチズムの過去と反ユダヤ主義に対して批判的であることが西ドイツで公的な政治 - 社会生活を営むための前提となっていった。今日では「この国にユダヤ人はいないほうがいいですか」と問うこと自体がすでにスキャンダルであるが、同時に反ユダヤ主義だけではなく、「犠牲者」観もまた「過去の克服」の課題となり、徐々に「克服」されていった。ドイツ人が加害者として想像を絶する犠牲をユダヤ人に強いていた歴史をテーマとするホロコースト映画は、いまではほぼ毎年ドイツの映画館で上映されている。

しかし、反ユダヤ主義が西ドイツで存続し続けたように、「犠牲者」観もけっして消え去ったわけではない。むしろ、前著『転換する戦時暴力の記憶』で明らかにしたように、「犠牲者」観は一九九〇年代以降に一種のルネサンスを迎えている。たとえば、ドイツ人が戦場と空襲で受けた犠牲を痛々しくリアルに再現した映画『スターリングラード』（九三年）と『ドレスデン、運命の日』（〇六年）がヒットし、さらにイギリス空軍の武器と戦略、ドイツ諸都市への空爆とその被害の実態、空襲に対する国家と市民の対応などを詳細に分析しながら、ホロコーストのレトリックを駆使することで、連合国によるドイツ人の空襲被害をホロコーストに類するものとして描写したJ・フリードリヒ著の『火禍』（邦題『ドイツを焼いた戦略爆撃 1940-1945』）が〇二年に刊行され、六〇〇頁近い浩瀚な専門書であるにもかかわらず、一年間にほぼ二〇万部を売り上げている。翌年の〇三年には、ドイツ人が加害の国民としてのみ扱われていると不満を抱いていたキリスト教民主同盟の連邦議会議員、M・ホーマンがドイツ統一記念日の演説でスキャンダルを引き起こしている。彼は「私たちがもっぱら犠牲者として認めているユダヤ民族にも現代史において暗黒の側面があるのではないだろうか、ユダヤ人はもっぱら犠牲者や受難者であるだけなのだろうか」と問いかけ、ドイツ人を「加害民族」と見なすロジックが認められるならば、ロシア革命において大量殺戮に関わっていたユダヤ人も「加害民族」であると断言したため、その後激しい論争が引き起こされた[3]。これらの事例はドイツにおける「犠牲者」観の存続・継承を示していると同時に、戦後ドイツ史において〈加害者‐犠牲者〉概念が重要な役割を果たし続けていること、その際にそこにホロコーストの事実と記憶がつねにからみ合っていることを示唆している。

このことは数字にも表れている。ドイツ人とポーランド人を対象に二〇一五年に公表された〈自国民／他国民は第二次世界大戦の犠牲者か、加害者か〉を問う研究調査によれば、ポーランド人はドイツ人を一七・三パーセントだけが「犠牲者」と見なし、五五・六パーセントは「加害者」に分類しているのに対して、ドイツ人自身は自国民を四四・〇パーセントが「犠牲者」と位置づけ、「加害者」と認識しているものは二一・五パーセントにとどまっていたのである。[4]

では、以上のことが確認されたならば、戦後ドイツ国民から「過去の克服」の優等生の称号は剝奪されるべきなのだろうか。それとも、日独の歴史認識の比較においてドイツの道徳的な優位はなお認められるのであろうか。この問題を考えるうえで私たちが認識しておかなければならないことをまず指摘しておきたい。

先述したように〈日本国民＝戦争犠牲者〉の図式的理解は戦後日本においてほぼ自明視されていたことは疑いない。しかし、植民地化と侵略戦争によってアジア諸国で引き起こされた加害の歴史にも目を向けるべきだという議論も戦後初期から叫ばれ続けたことも確かである。とくに「従軍慰安婦」問題が冷戦終結前後の一九八〇～九〇年代になって盛んに議論されたときに、加害者としての国民の歴史的自覚を求める声は大きくなった。その際に「過去に目を閉ざす者」（ヴァイツゼッカー）を戒めてきたドイツの「過去の克服」の試みが高く評価されたが、これに対抗してそのような歴史観を「自虐史観」と命名し、「新しい歴史教科書をつくる会」を結成する保守勢力が形成されたことは周知のとおりである。しかしこの保守勢力が問題視しているのは、冷戦終結前後になって加害者意識が高まったことではない。無条件降伏によって加害者の立場にあるという歴史認識を日本国民は戦後一貫して強要されてきたと主張することで、この勢力は「東京裁判史観」からの脱却を求めているからである。つまり、〈日本国民＝戦争犠牲者〉は戦後のコンセンサスではなく、敗戦によって日本国民は戦争の「加害者」であるという意識を植えつけられてきたのだという。この勢力にとって戦後日本国民は「自虐的な」歴史認識をもたらした占領政策の「犠牲者」であることになろう。

以上のことからは、日本においても〈加害者－犠牲者〉のカテゴリーが戦後における歴史認識問題の重要な論点であったことがあらためて確認されると同時に、この二つの概念は、駆使する者の立場によって意味内容と評価が異なっていることも認識できるだろう。そして、本書がこれから明らかにするように、ドイツにおいても「犠牲者」概念は多義的であり、しかもその意味と機能は九〇年代以降に大きく変化した。

つまり、〈加害者－犠牲者〉の概念がどのような意味内容をもち、どのような歴史的脈絡のなかで、どのような価値判断をもたらしていたのか、これらのことを曖昧にしたまま図式的な二分法に基づいてこの概念を使用するならば、眼鏡をよく吟味せずにかけて歴史的事実を見つめ、ほかの眼鏡を使うと別の現実が見えることを意識しないまま、その事実を理解することを意味する。そのような認識レベルで〈ある国民は「加害者」と「犠牲者」のどちらに属するのか、あるいはほかの国民と比較してどの程度に「加害者／犠牲者」であったのか〉という問題をめぐって行われる論争は、けっして生産的であるとはいえず、政治的には危険でさえある。

2 犠牲者概念

能動的犠牲者―受動的犠牲者

この問題を考えるうえで筆者がたびたび提起している概念が「能動的犠牲者」と「受動的犠牲者」である。日本語やドイツ語とは異なり、英語やフランス語などでは「犠牲者／Opfer」概念は二つの意味に区分されている。つまり、（戦争）暴力を行使して身体と生命を捧げた、あるいは肉体的・物質的・精神的な損害を自ら引き受けた犠牲者としての能動的犠牲者＝Sacrifice と、（戦争）暴力を行使されて、命を奪われた、あるいは肉体的・物質的・精神的な損害を受けた犠牲者としての受動的犠牲者＝Victim である。もともと「犠牲者（Opfer）」は語源的に神に捧げもの・生贄をする行為を意味する宗教的な用語であったから、この「能動的犠牲者」が本来の語義に近い。「音楽の捧げもの（das musikalische Opfer）」と命名されたJ・S・バッハの作品の Opfer はまさにその意味であり、彼の音楽は能力と労力を犠牲にして神や宗教共同体、国王などに差し出された「捧げもの」とされたのである。

「能動的犠牲者」が使用される典型的な事例として、災害救助の殉職者が挙げられるだろう。「命をかけて国民の生命を守った」といった言説が殉職の意味づけとして頻繁に用いられているように、能動的犠牲者は共同体のために犠牲を自らの意志で払っていると見なされるため、死を含む犠牲行為に意味を持たせることができる。この概念を日本における戦争の記憶に適用してみるならば、命を投げ出すことを前提とした犠牲者である特攻隊員がもっとも典型的な「能動的犠牲者（Sacrifice）」と見なされるであろう。現実には多くの特攻隊員が心理的強制によって志願しているが、「特攻」の物語のなかでは、彼らは祖国の防衛のために自らの意志で能動的に犠牲＝死を選択した「英霊」として描かれている。原爆犠牲者も、現実には偶然に広島・長崎市に居住し、あるいは居合わせてしまったために被害を受けた「受動的犠牲者」であるのだが、〈ヒロシマ・ナガサキの犠牲者は原爆の恐ろしさと平和の尊さを唯一の被爆国の国民に教えてくれた〉といった言説が示しているように、平和のための殉教者である「能動的犠牲者」としても記憶されていった。

このような意味づけのために能動的犠牲者は帰属意識と不可分の関係にある。つまり、「能動的犠牲」は多かれ少なかれ、共同体に帰属するための義務や、帰属していることの証明、帰属が認められるための手段として機能する。逆に共同体からの排除もこの「能動的犠牲」の有無を通して決定される。詐病などによる兵役拒否によって能動的犠牲の意志がないと見なされたために、あるいは「捕虜身分」になって能動的犠牲を停止したと断定されたために、「非国民」のレッテルを張られる場合がまさにそうである。つまりこの犠牲は共同体への帰属にとっていわば「踏み絵」として機能しうる。

ドイツ系ユダヤ人の多くが第一次世界大戦の開戦を歓迎したこともここから理解できよう。ドイツ社会への同化をめざしていたユダヤ人は、冷遇と差別を受けずにドイツ国民共同体の一員として認められるために、約一〇万人が自発的に出征したのである。アンネ・フランクの父親のように数多くが将校にまで昇進しており、ドイツに命を犠牲《いけにえ》として差し出したユダヤ人戦没者は一万二〇〇〇人にのぼった。ナチスは政権掌握後にユダヤ人を公務員職から排除したものの、かつて前線で戦ったユダヤ人および戦没ユダヤ人の子息と父親を当初は例外扱いにしていたのである。

これに対して、（戦争）暴力を行使されて、命を奪われた、あるいは肉体的・物質的・精神的な損害を受けた犠牲者としてのVictim＝受動的犠牲者であるが、その典型的な事例は交通事故の過失のない被害者であろう。この犠牲は偶然にも外部によってもたらされ、そのために死亡した被害者は「不慮の死を遂げた」ことになる。歴史的にこの犠牲者として表象されうる事例として水俣病患者や「従軍慰安婦」が挙げられる。この犠牲は本人の意志とは無関係に被られたものであり、したがってこの犠牲をもたらした主体（企業・国）は犯罪者として扱われる。そのためこの主体は犠牲との因果関係をできる限り否定しようとする。実際に、工場排水による公害犠牲者である水俣病患者は企業だけではなく、国の「受動的犠牲者」であることの承認をめぐる長い戦後史を歩んできた一方で、「従軍慰安婦」は日本帝国主義支配の「性奴隷」として犠牲を受動的に強要された存在として二〇世紀末になってようやく広く記憶されるようになった。この性犯罪の記憶を消し去ろうとする勢力は「慰安」行為の強制性とその犠牲の受動性を否定しようと躍起となり、そのために「慰安婦」は能動的に金銭欲を満たそうとした「売春婦」に貶められている。したがってこの問題において「能動／受動」性はきわめて政治的な意味をもつ。

また受動的犠牲者は、受動性ゆえに犠牲の意味を根拠づけることも、共同体への帰属意識と結びつけることも、能動的犠牲者より困難である。建国後のイスラエルにおいてホロコーストのユダヤ人犠牲者が公的に想起されることが少なかったことはここに起因している。つまり、ホロコースト犠牲者

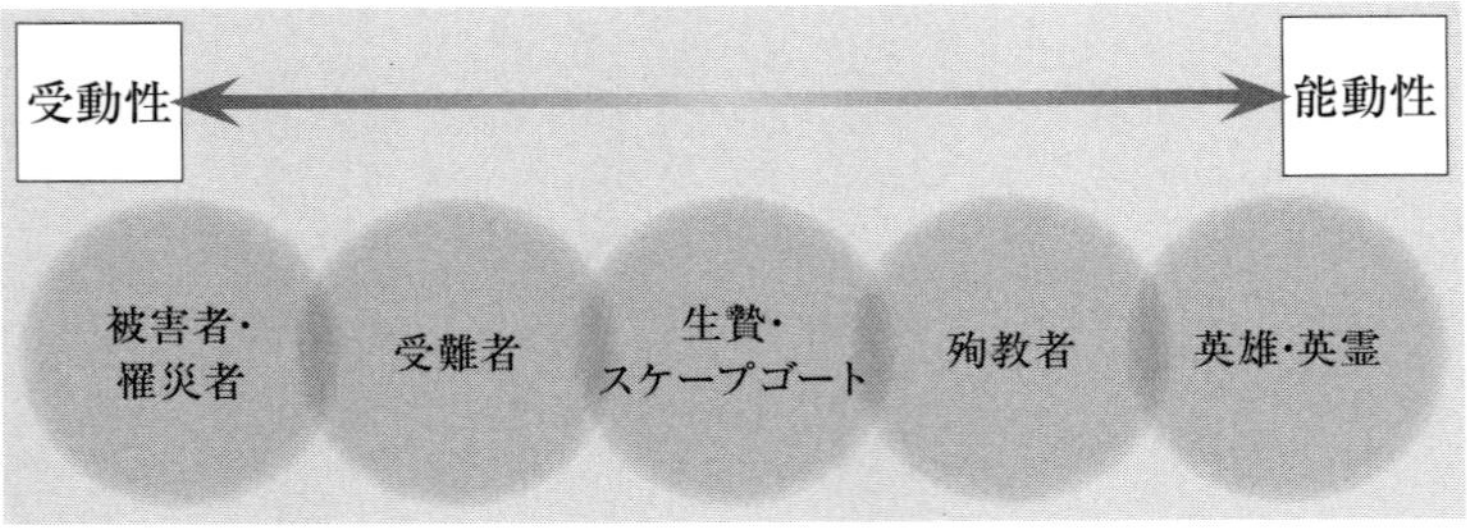

図表0-1

はナチスと戦って能動的犠牲者となったのではなく、「屠られた羊」のように戦わずにその存在を抹消されたにすぎない「受動的犠牲者」と見なされたからである。強制収容所解放時のユダヤ人の姿、すなわち骨と皮だけにやせ細って横たわっている屍《しかばね》は、死を恐れずにアラブ世界と戦ってユダヤ人国家を防衛しようとするイスラエル国家の理想的な能動的犠牲者像とはかけ離れた存在だった。戦後になって復興と平和の殉教者の役割を担わされた先の原爆犠牲者の例のように、受動的犠牲は能動性がのちに認められることで犠牲に意味を付与されることが多い。

「犠牲者」概念の受動性／能動性の比重に応じて図表0-1のような犠牲者像が並列できるであろう。第一次世界大戦時のユダヤ人は「英雄・英霊」になろうとして命を賭した一方で、ナチ支配下で意味のない存在と見なされ、受動的な死を強いられたユダヤ人は、建国当初のイスラエル人からは「意味」なく犠牲となった「被害者・罹災者」と見なされたことになる。

G・F・ヘーゲルは『歴史哲学講義』のなかで、自由という究極目的＝「目的《テロス》」をもった精神の必然的な発展過程として世界史を理解し、この目的に向かって「冷静に意志をかため、広く配慮をめぐらすのではなく、一つの目的に向かって傍若無人に突進」する人物を「世界史的個人」と名づけた。カエサルやアレクサンドロス大王、ナポレオンがその代表的な人物として挙げられているが、「英雄」と呼ばれ、悲劇的な最期を遂げるこれらの「世界史的個人」はもっとも典型的な「能動的犠牲者」と見なすことができる。ヘーゲルはこのような人物が世界史のなかで「あまたの無辜の花々を踏み潰し、行く手に横たわる幾多のものを破壊して瓦礫にしていくことがあっても、仕方がない」と判断した(5)が、まさにこの「無辜の花々」は世界史における「受動的犠牲者」を表象している。

犠牲者-加害者

さて、「加害者」概念も、その暴力の対象が能動的犠牲者であるのか、受動的犠牲者であるのかによって意味が異なる。暴力行為が水俣病患者や「従軍慰安婦」のような受動的犠牲者を生み出したのであれば、その行為は犯罪であり、加害者は犯罪者として扱われる。たとえば、正規軍やパルチザンのような武装組織に属していない、あるいはそこに参加・協力する身体的能力を欠いているために能動的に犠牲を払うことができない一般市民、敵側に拘束されて能動的犠牲を停止した捕虜など、これらの非武装の人びとに対する暴力（を行使した者）は「戦争犯罪（人）」と見なされる。この場合に「賠償」を求めることは受動的犠牲者の正当な権利として認められる。「従軍慰安婦」の制度は、彼女たちが「慰安」行為を強制され、その意味で受動的犠牲を受けた限りで「犯罪」であり、その制度を運営した国家と「慰安婦」のあいだには〈加害者 vs 犠牲者〉の関係が成立し、「賠償」が請求されている。そのため、「犯罪」であることを否認しようとする者は「強制」ではなかったことを力説することになる。

もちろん、戦争暴力が（たとえば客観的には利己的な利益のために他国を支配する現在のロシアのような）不当な目的をもっていると見なされれば、それが非武装の市民だけではなく、正規軍やほかの武装組織の帰属者に向けられたものであっても、この暴力は加害行為と見なされ、戦争責任者は（プーチンのように）戦争犯罪人者として糾弾されうる。そして、その暴力を受けたために自国の国民がその受動的犠牲者となり、その国民と国家のために敵国に暴力を行使して能動的に犠牲が捧げられる（たとえば現在のウクライナ兵士のような）場合に、その暴力は正当なものと見なされる。この能動的な犠牲行為を行使した（ゼレンスキーとウクライナ軍のような）主体も加害者と判断されることはない。加害性の強い侵略戦争でさえもしばしば「防衛戦争」の名のもとに遂行されるのは、それが不当な加害行為ではないという口実を作るためである。

一方、双方から正当であると見なされた戦争の場合、その暴力行使は能動的犠牲の行為であると認められるために加害性を失う。つまり戦争行為は、能動的犠牲を払う意志をもつ者のあいだの行為であるときに正当化され、双方の責任者および国民が加害者扱いされることはない。この場合に行使された暴力は、能動的犠牲をもたらしたと認められる限りで受け入れられる。戦争において敵の暴力は、自らが――戦没者として、傷病兵として、あるいは極度の心身的受苦者として――能動的犠牲者になるためにはむしろ不可欠なのである。能動的犠牲をもたらした戦争行為（者）は、戦争裁判などによってルールを違反したと見なされた場合にのみ犯罪（者）と見なされる。

正規軍のあいだの戦闘の場合、能動的犠牲を捧げる者と受動的犠牲者になりうる者との境界線は、戦闘員と市民との区分として比較的明確に引くことができる。そのため「正当」な戦闘行為と「不当」な加害行為との境も比較的はっきりしている。しかし、総力戦において、とくに正規軍に属さない市民が武装するパルチザン戦の展開によって、その境界線は不確定になり、犠牲の能動性と受動性の区分も、能動的／受動的犠牲者と加害者との区分も曖昧になっていく。パルチザン闘争が展開された国において市民犠牲者の割合が高いのは、正規軍兵士と市民との見境が困難になった侵略軍には、住民全体が武装して能動的犠牲を捧げる意志をもった敵として現れるためである。また、非武装の一般市民にも犠牲が及ぶことを想定した空襲が戦争行為として正当化され、加害行為と見なされないためには、敵国の市民も自国の共同体のために非暴力的手段で戦争に能動的に参加していると想定される必要がある。つまり、国民全体が能動的犠牲の意志をもつことが前提とされている総力戦においては、無差別の大規模空襲も含めた敵国の国民すべてに対する暴力が正当化されうる。

総力戦はもう一つの〈加害者vs犠牲者〉の問題をもたらしている。総力戦は能動的犠牲を国民に義務として課すために、戦争は新たな受動的犠牲者を生み出していく。つまり、共同体内で能動的犠牲を忌避・拒否する（と見なされた）者が共同体から排除されるだけではなく、「非国民」や「スパイ」として法の保護を失っていく場合である。このときに忌避・拒否者は「犠牲者」ではなく、「売国奴」のような「犯罪者」の範疇で理解される。逆に、この人びとが「犠牲者」として理解されるためには、この戦争が能動的犠牲を払う価値がなく、忌避・拒否に値する不当なものであると認められる必要がある。これを前提にして初めて、戦争を遂行する共同体、少なくともその責任者が加害者として立ち現れ、戦争の忌避・拒否者がその受動的犠牲者に転換する。拙著『転換する戦時暴力の記憶』で詳述したように、ドイツの脱走兵などの兵役拒否者はまさにその転換を体験した。第二次世界大戦中に死刑判決を下されたが、生き残ることができた兵役拒否者は、戦後も「臆病者」や「卑怯者」のレッテルを貼られ、また彼らに対する死刑判決の違法性を争って起こされた賠償請求裁判で下された一九六四年の判決はその違法性を認めず、賠償請求は却下された。しかし九一年に旧兵役拒否者の未亡人が起こした裁判では、死刑判決を下した軍事法廷を「政治的なテロ体制」の執行機関であると判断して賠償が認められた。さらに、九七年五月にドイツ連邦議会は「第二次世界大戦は侵略戦争および絶滅戦争であり、ナチス・ドイツによって引き起こされた犯罪であった」ことを認め、軍事法廷の犠牲者と遺族に「尊敬と同情」を表明した。法廷とその国家の加害性が認められたことで、脱走兵は受動的犠牲者として認知されたのである(6)。

一九五〇年に公開された『きけ、わだつみの声』は、それとは異なる意味で受動的犠牲者から能動的犠牲者への転換を描いた映画である。動員された学徒や大学助教授にとって第二次世界大戦は、彼らに「ペン」の代わりに「銃」を握らせただけではなく、平時には「権威」ある身分であった大学助教授が戦場では上官に意味なく殴られ、嫌がらせで犬の真似をさせられたように、〈エリート－知識人－大衆〉の階層ヒエラルヒーを転覆させた。そのため能動的犠牲を払う価値が失われ、彼らは受動的犠牲者としてみじめに命が奪われていく。しかしこの映画では、戦争目的の正当性は直接的には問われておらず、能動的犠牲そのものが否定されているわけでもない。むしろ、犠牲を捧げるために「銃」は不適切であり、それは「ペン」によって果たされるべきこと、しかもその犠牲は戦争目的のためではなく、戦後日本の復興・発展のために捧げられるべきことが『きけ、わだつみの声』では暗示されている。つまり「戦争」の受動的犠牲者が「平和」の能動的犠牲者へ転換されるべきことがこの映画では求められているといえる。

受動的犠牲者は、受動性ゆえに犠牲の意味を根拠づけることも、共同体への帰属意識と結びつけることも、能動的犠牲者より困難であると先に指摘したが、〈加害－受動的犠牲者〉の関係において受動的犠牲者は――能動性に転換されることなく――その犠牲に意味と共同体への帰属意識をもたらしうる。その事例として、ドイツ都市へのイギリス軍の空襲を取り上げてみよう。この空襲は加害国のドイツに対して能動的な犠牲を払った英雄行為としてイギリスでは称えられ、ほぼ半世紀後にその戦闘を指揮したA・ハリス元帥の銅像がロンドンの中心部に建立された一方で、ナチスはこの空襲を「テロ」と呼び、戦後にもハリスの銅像建立にドイツ側は抗議している。また、J・フリードリヒ著の『火禍』[7]でも「加害性」を歴史的に象徴しているホロコーストの概念が連合軍の空襲にも適用されたことで、ドイツ国民はナチ期のユダヤ人に類する受動的犠牲者として表象された。ドイツ側の視点に立つと、イギリスは弾劾されるべき加害者であり、ドイツは共感されるべき受像的犠牲者となり、ヒトラーとチャーチルは同じ加害＝犯罪者に位置づけられ、戦勝国が敗戦国に対して持った道徳的優位性は転倒される。つまり自国民の受動的犠牲者の存在は、ほかの共同体が自分たちに行使した暴力が加害と犯罪の行為であることを証明し、そこに投射された加害者共同体の「悪・不義」の陰画の裏に自らの共同体の「善・正義」の陽画を映し出すという役割を果たしている。この場合に受動的犠牲者は感情移入される対象となり、国民共同体から自己同一化されうる。こうして「受動的犠牲者」であること自体にナショナルな価値が見出され、受動的犠牲者として歴史的ナショナル・アイデンティティが構築されようとしているのである。本書はそのような事例をこれから多く提示していくことになる。

3 本書の目的

以上の説明によって「犠牲者」は、歴史的な脈絡とこの概念を駆使する者の立場に応じてその意味内容と歴史的評価を変えうる多義的な概念であることが示唆できたのではないかと思う。したがって、戦後ドイツにおいて「犠牲者」が自己認識として重要な役割を果たしたことは事実だとしても、この概念がどのような歴史的脈絡と政治的立場のなかで、どのような意味内容において機能していたのか、このことを分析することなしには、その歴史認識は正当に評価されえないであろう。

したがって〈ナチ時代のドイツ国民は「犠牲者」なのか?〉という本書の問いは、犠牲者数や権力の格差などの数量分析を通して当時のドイツ国民が客観的に「犠牲者」のカテゴリーに分類されうるのかといった視点から問題にするものではない。むしろ本書はその問いに、ドイツ国民はナチ期の自国民を「犠牲者」として認識してきたのか、もしそのように認識していたとすれば、それはどのような意味で「犠牲者」として自己を表象してきたのかといった観点から答えていくつもりである。

本書の分析対象は第三帝国と戦後(西)ドイツである。これまでの拙著と同じように今回も東ドイツは考察の対象とならない。この国家の分析のためには西ドイツの分析と同じほどの研究の準備を必要とするが、現在の筆者の知識はそのレベルに達していないことがその理由である。けっしてこの国家の歴史研究の重要性を軽視しているわけではない。

ナチ時代のドイツ人の「犠牲者」のリストは多岐にわたるが、第一に挙げられるべきは三〇〇万人以上の犠牲を出した空襲を含む戦争の犠牲者であろう。しかしこの問題に関しては、拙著『転換する戦時暴力の記憶』で詳しく論じているので、本書が主に対象とするのは、弾圧・殺害された反ナチ抵抗者、迫害によって国外へ脱出した反ナチ亡命者、東部戦線の敗戦と東部領土の喪失に伴って終戦末期から終戦期にかけて行われたドイツ人の追放措置に見舞われた「故郷被追放者」、ソ連兵によって大規模に行われたドイツ人女性に対する性暴力の犠牲者、これらの体験を通して長期にわたる心理的負担に苦しんだトラウマ犠牲者である。もちろん、当時のドイツ国民のすべてがこれらの犠牲を被ったわけではない。しかし、だからと言って本書の研究は国民の一部だけを問題にした限定的な意味しか持てないということにはならない。このことは、原爆犠牲者や特攻隊員は戦時下の日本国民のほんのわずかな部分であることを考えればすぐに理解できるであろう。日本におけるこれらの事例と同じように、反ナチ抵抗者や故郷被追放者、性暴力・トラウマ犠牲者といったドイツ人犠牲者の体験と現実は国民全体の犠牲を表象＝代表していたのであり、いまなおドイツ国民の歴史としてさまざまなメディアを通してくり返し記憶され、追悼されている。それが本書においてこれらの犠牲者を取り上げる理由である。

第1章と第2章ではこれらの犠牲が終戦期から冷戦期にかけてどのように記憶され、どのような犠牲者として公的に表象されていったのか、分析することにする。第3、第4、第5章では、とくに冷戦終結期前後にこれらの犠牲の記憶に生じた構造的な変容について論じるつもりである。そして終章

において それまでの議論をまとめ、最後に〈犠牲者の歴史政治学〉を提唱することにする。

ここで、歴史的に重要な「ドイツ人犠牲者」が本書では取り上げられていないことをあらかじめ告白しておかなければならない。一〇〇万人以上が帰還を果たせず死亡したソ連下の三〇〇数万人のドイツ人捕虜、特別な収容者カテゴリーとしてピンクの三角章を付けられ、五〇〇〇人から一万五〇〇〇人が強制収容所に収容され、正確な数字は不明であるが、その多くが命を奪われた同性愛者、同じく特別なカテゴリーとして収容された「エホバの証人」や「反社会分子」、生きる価値を否定され、「安楽死」の美名のもとに推定で二〇万人が殺害された知的障がい者、優生学的措置を強要された断種犠牲者などである。これらの犠牲者の戦後史にも今後は注目していきたいが、冷戦期からポスト冷戦期への転換に伴って記憶と表象が変容していくという点で、本書で提示された分析枠組みのなかでその戦後史を解釈することは可能であると考えている。

さて、ナチ時代のドイツ国民の犠牲者としての自己認識とその実体を分析することにいったいどのような意味があるのだろうか。まず、ドイツの「過去の克服」が日本の戦後の歴史認識を映す「鏡」として機能しているゆえに、「犠牲者」としての自己認識が自明視された戦後の日本国民の歴史認識を考察・理解するうえで、ドイツの歴史的事情の分析は不可欠であろう。私たちはドイツの「過去の克服」の可否を、行司が軍配を上げるように二者択一で判断するのではなく、この「過去の克服」概念、とりわけ「犠牲者」概念をめぐってドイツの政治や社会、文化が歩んできた過程を歴史学的に分析することで、その「鏡」を磨くことが必要である。こうして私たちは、自分たちの国民を「犠牲者」として表象し続けてきたことの意味をこの「鏡」を通して考察し、理解することができるだろう。

また、私たちは現在（二〇二四年一一月）、ウクライナとガザで日々多くの犠牲者を生み出している戦争に直面している。いったい誰が犠牲者であって、誰が加害者であるのか。あるいは、誰が犠牲者あるいは加害者と見なされ、誰がそのようには見なされないのか。報道映像でどの犠牲者／加害者がクローズアップされ、どの犠牲者／加害者が無視されているのか。犠牲者とその映像を私たちはどのように理解したらいいのか。これらの問題は現在の戦争を判断・評価する基準を設定しており、国際世論の形成において決定的な意味をもち、外交政治に直接的に影響を与える。本書は、現在の戦争の分析を行うものではないが、現代史と現代社会において「犠牲者」とはいったい何であるのか、何を意味するのか、それはその時々の国家においてどのような社会的な役割を果たすのか、これらの問題を考察する一つの契機となることをめざしている。つまり、〈犠牲者の歴史政治学〉の意味と意義を提案し、この政治学が今後さらに活発に議論されることが本書の切望するところである。

第1章

反ナチ抵抗犠牲者とその戦後

1 ヒトラー暗殺未遂事件の「七月二〇日の男たち」

ヒトラー暗殺未遂事件[1]と世論

ヒトラーの推し進める戦争政策とその成功に軍人を含む多くのドイツ国民が喝采の声を上げたが、その一方で国防軍内では、親衛隊のようなナチ党に属する別の武装集団に対して反感を抱き、ヒトラーの戦争政策が破滅的に悲劇的な結末となることを恐れるエリート集団がヒトラーから距離をとり始めていた。そもそもプロイセン軍国主義の伝統を有するこの正規軍とナチ党はけっして一体化してはいなかったが、一政党の党首であるヒトラーに無条件に服従する宣誓が導入され、国防軍が遂行する戦争の実践へヒトラーが介入する度合いが増すにつれて、国防軍の上層部に不満は高まっていた。そして戦果が途絶え、敗戦という結末が現実味を帯びてくるにしたがって、ヒトラーの暗殺とクーデターの実行を計画する集団が旧陸軍参謀総長のL・ベックらを中心に本格的に形成されたのである。そこにモルトケ一族の末裔であるH・J・フォン・モルトケを中心に組織された「クライザウ・サークル」、さらにはライプツィヒ市長のC・ゲルデラー、労働組合幹部のW・ロイシュナー、社会民主党のJ・レーバーといった国防軍以外の集団も加わっていった。そして実際にヒトラー暗殺計画は幾度か着手されたのだが、偶然の重なりによって頓挫してしまう。その試みの一つが、一九四三年三月にH・フォン・トレスコウ少将がヒトラーの搭乗する飛行機に時限爆弾を持ち込ませることに成功した暗殺未遂事件である。その爆弾は技術的問題から不発に終わり、ひそかに回収されたのである。

スターリングラード戦の敗北から一年半、東部戦線の前線がワルシャワまで西進しつつあり、西部戦線では英米軍がすでにノルマンディーに上陸していた一九四四年七月二〇日、ついにヒトラー暗殺計画は実行されることになる。暗殺実行者に選ばれたのは伯爵の爵位をもつクラウス・フォン・シュタウフェンベルク大佐。彼はアフリカ戦線で右手および左手の二本の指を切断し、左目を失明する重傷を負ったため、義手と黒い眼帯を身に着けたが、その姿が戦後における彼のイメージとして定着することになる（暗殺未遂事件の五日前に現場でヒトラーとともに撮られた写真が残っている。図表1-1[2]の左端の人物がシュタウフェンベルク）。病床からベルリンに戻ったのちに彼は反ナチ・ヒトラー抵抗組織の中心人物となり、ヒトラーの暗殺後にクーデターによって政権を掌握し、ベックが国家元首を務めるという「ヴァルキューレ作戦」が練り上げられていく。この日、シュタウフェンベルクは東プロイセンに設営されていた総統大本営「ヴォルフスシャンツェ（狼の巣）」の会議場のテーブルの下に時限爆弾を押し込み、会議中のヒトラーの目の前で爆破することに成功した。ベルリンに電話をするという口実で会場を出ていた彼は爆弾のさ

図表1-1

く裂を見とどけ、ヒトラーが爆死したと確信して同志とともにベルリンに向かった。そして、ベンドラー街の陸軍最高司令部に設けられた作戦本部はヒトラーの死を確認した後にクーデター計画を発動した。この作戦の発動権限は国内予備軍司令官にあったが、司令官のF・フロム——この計画を周知していた可能性が高い——の許可なしに作戦は発動された。彼はこれに抗議したが、作戦本部内に監禁された。

しかし、暗殺現場では数人の死傷者が出たものの、ヒトラー自身は軽傷を負っただけであった。その日の一七時以降に複数回にわたってラジオで暗殺未遂事件が報じられ、ヒトラーの生存が伝えられる。クーデター計画はヒトラーの死を前提としていたため、この「誤算」によってクーデターの実行は困難になっていく。歩哨大隊「大ベルリン」は「ヴァルキューレ作戦」の命令に従い官庁街を封鎖したが、司令官のO・E・レーマーはヒトラー本人を通して生存を確認し、彼からクーデターの鎮圧を命ぜられて今度は作戦本部の建物の一部を占拠した。その後「武装反撃」が開始され、クーデター首謀者は逮捕された。国内予備軍司令官のフロムは解放されると首謀者の処刑を宣告し、シュタウフェンベルクら四人は日付が変わったその夜に銃殺刑に処せられた。ベックはピストルでの自決を所望し許されたが、二度の失敗の後に、うなじにとどめを刺された。一方、フロムは独断で処刑を執行したことでヒトラーの怒りを買い、国内予備軍司令官の職を解かれ、親衛隊長官のヒムラーに代えられた。そのほぼ同時間の深夜、ヒトラーがラジオ放送で演説して、暗殺計画の失敗を自らの声で証明している。こうして暗殺・クーデター事件は終息することになるが、この事件はのちに、その日付から「七月二〇日事件」、その首謀者は「七月二〇日の男たち」と呼ばれることになる。

暗殺とクーデターの失敗の後にヒトラーの報復措置は熾烈を極めた。この事件に関わった容疑者が六～七〇〇〇人逮捕され、そのうち約二〇〇〇人が死の処罰を受けた。その多くは残虐な拷問と屈辱的な裁判を受け、ピアノ線を縄として使用し、死に至るまで時間を要する残酷なやり方で絞首刑に処せられることになる。首謀者の家族にも報復の刃は向けられ、多くが強制収容所に送られている。また、多くが逮捕前に自死を選択しているが、戦死を装って自決したトレスコウの場合には報復は死後にも及んだ。暗殺事件への関与が明らかになると、彼の遺体は掘り起こされ、ザクセンハウゼン強制収容所で焼却されたのである。(3) また、この事件に間接的に関わったとされた者も次々に逮捕され、その数は七〇〇〇人以上と推定されているが、その真偽は不明である。この逮捕者や容疑者の多くも死に追いやられたが、シュタウフェンベルクらの処刑を命じたフロムも銃殺刑に処せられている。また、「砂漠の狐」の異名を持ち、国民的な人気を博していたE・ロンメル元帥も事件への関与を疑われ、自死を強要された。国防軍情報部部長のW・F・カナーリス海軍大将も暗殺計画への関与が事件後に明らかにされて処刑されたが、その物語は一九五四年に『カナーリス』(邦題『誰が祖国を売ったか?』)という題で映画化され、人気を博した。

さて、「七月二〇日事件」はすぐさま全国に知れ渡ることになるが、一般国民はこの事件にどのように反応したのだろうか。SD(親衛隊諜報/保安局)が世論の動向を諜報した極秘報告書(「SD報告」(4))からその実情を探ってみよう。この報告によれば、この事件に関する最初のラジオ報道を聴いたものは少数だったが、その情報は口伝えで瞬く間に広がり、固唾を飲んでラジオの前で次の報道が待ち受けられたという。(5) ヒトラー自身が生存を証明したラジオ演説の時間に人びとの大半はすでに就寝していたが、家族や親戚内で起こし合うことも多く、またこの演説は昼過ぎに再放送され、熱心に聴取された。[6] またその日から新聞は販売店でたちまち売り切れた。[7] こうして「現在の戦争の劇的な出来事でもこれまで確認されなかったほど」の衝撃が巷に走り、「凄まじい興奮と驚愕がすべての民族同胞の顔から直接に読み取られ[8]」、女性たちが突然に泣き出し、パニックに襲われることもあった。「民族同胞はきわめて危険で、深刻な状況を瞬時に意識した。[9]」

「民族同胞」の第一の反応は「驚愕」や「動揺」であると同時に、暗殺未遂行為に対する激しい「憤激」であった。「いたるところで民族同胞はこの犯罪への嫌悪の念をはっきり口に出して表現した。[10]」当初は敵国が黒幕となって引き起こされたと噂されたが、事件の首謀者が国防軍の将校であることが知らされると、その怒りは激しさを増した。[11] 暗殺が失敗したことは残念だと口にした女性が逮捕された事例や、「もう戦争は長く続きすぎたのだから、こんなことが起こらざるをえないのよ」という発言もたしかに報告されているが、この事件への同意や支持を暗示する発言[12]はまったくの例外であった。ふだんは政治に無関心な市民からも暗殺実行者は激しく批判され、ナチズムから距離をとっている人びとでさえこの事件に対して嫌悪の念を示したという。[13] それゆえに「民族同胞」は暗殺・クーデターの「陰謀者」に厳罰を求めた。[14] 首謀者に対する裁判が開始されると、それを報じた新聞は少なくともベルリンでは短時間で売り切れ、「街頭や交通手段、職場でまさにむさぼり読まれている[15]」。絞首刑はこの人びとが当然視した判決であり[16]、したがって暗殺・クーデター未遂事件の首謀者や関与者に対するナチスの冷酷な処罰は民意を反映していたといえる。このような脈絡において、国内予備軍司令官に親衛隊長官のヒムラーが就任したことも歓迎された。[17]

この「憤激」をもたらした最大の要因は、暗殺によってヒトラーが死亡したときに起こりうる事態を「民族同胞」がすぐさま頭に描いたことにあるようだ。暗殺報道に触れて「そんなことが起こるなんて。そうなったらおしまいだ」という発言[18]が頻繁に聞かれたが、ヒトラー暗殺の成功がもたらす結果はカオス以外に考えられていなかった。[19]「総統」のいない状態としてのカオスは、「決定的な打撃を加える前に総統を失うようなことがあるならば、私たちは戦争に負けるだろう[20]」という軍需産業労働者の発言が紹介されているように、ドイツの敗北を意味した。同時期のSD報告ではロシア軍が国境線を越えて進軍する可能性が「民族同胞」の最大の不安と憂慮の要因となっていることが記されているが[21]、それゆえに「総力戦」のなかで国民が一致団結することが死活問題と見なされていた。そのためヒトラー暗殺未遂事件は反逆行為や裏切り行為として激しい怒りを引き起こしたのである。

したがってヒトラー生存のニュースは不幸中の幸いとして受け取られ、「すべての国民に深い感動を呼び起こした[22]」。そして、ラジオや新聞がその生存を「奇跡」と表現したこともあって、ヒトラーの神格化が促されたようである。「総統が生きて無事であったことを神意（Vorsehung）が働いている明白な証拠[23]」と見なし、「総統にはよき守り神（Schutzengel）がついている[24]」といった発言が数多く確認され、「民族同胞は総統の偉大なる使命と、天命（Schicksal）によって彼に授けられた任務をいまや以前よりももっと信じる[25]」ようになり、「総統と歩めばすべてうまく終わる[26]」と確信しているという。「総統」に忠誠を示す催しも開催され、彼の写真が街角に貼られ、国防軍内での「ナチス式敬礼」も一般化した。[27]

さらに、この事件は「総力戦」を貫徹する意志を強める結果ももたらしたようである。「住民の気分は、たしかに熱がこもっているが、民族同胞の当初の激しい動揺の後で毅然としたものに変化していった。この事件を通して無条件で最後まで頑張り通そうとする民族同胞の意志はさらに強くなった[28]」。そのため、「戦争の勝利による迅速な終結に役立ち、そのための負担をすべての住民層に均等かつ公正に配分するどんな措置」にも理解が示されるようになったという[29]。

もちろんこれらのSD報告には諜報部員による主観的判断の余地がなかったわけではなく、私たちはそのことを割り引いてこの報告書を読み解かなければならないだろう。また、ナチズムに対する嫌悪感や反感、敵愾心を抱いている者が押し殺していた声を諜報部員が聞き取っていなかった可能性は高い。したがってこれまで紹介したSD報告が暗殺未遂事件後の一般国民の世論を正確に描き出していたとはいえまい。しかし私たちはこの報告からドイツ国民の多数派——これもどの程度の多数派なのか、正確には示すことはできないが——の傾向を読み取ることができることは間違いない。では、「総力戦」に敗れ、現実に「総統」を失った戦後西ドイツでこの傾向にどのような変化が見られたのだろうか。

一九五〇年代以後における「七月二〇日事件」の評価の変遷

ヒトラー暗殺・クーデター未遂事件から六、七年後に西ドイツでこの事件に関する世論調査が行われている。まず、多くの市民はこの事件を忘れてはおらず、全体の八九パーセントが、男性に限れば九五パーセントがこの事件を記憶している[30]。この調査ではこの事件に対する立場が直接的に問われており、一一パーセントの記憶にない者と一六パーセントの未回答者以外に、四〇パーセントがこの運動に肯定的な立場を、三〇パーセントが否定的な立場をとっている。[31] そのような立場の相違は、暗殺未遂事件が戦争の勝敗におよぼした影響の有無の判断と密接に関わっていたようである。たとえば、ドイツの敗北の原因を問われて、「ドイツが弱すぎ、敵が強すぎた」という客観的な判断(三三パーセント)とならんで、「裏切り、サボタージュ」の項目をちょうど四分の一の西ドイツ人が選択しており、「全般的に貧弱なリーダーシップ、政策のまずさ」(一五パーセント)や「ヒトラー」に敗戦の責任を負わせる見解(一一パーセント)を凌駕している。[32] また、ヒトラーに対する抵抗運動がなくてもドイツは戦争に「勝っていない」と四五パーセントが考えているのに対し、三分の一以上(三六パーセント)が「(おそらく)勝っていた」と、このような抵抗運動にドイツの敗北の責任を負わせているからである。[33] こうして、戦争中に「抵抗を行うべき」だったと考えていた二〇パーセントの抵抗肯定派に、「終戦まで待つべき」の三四パーセントと「終戦後も行うべきではない」の一五パーセントの抵抗否定派が対峙することになった。[34] 確かに四割の国民が敗戦後にこの抵抗運動を肯定しているが、抵抗がなければドイツは戦争に勝っていたと判断する三分の一、あるいは戦中戦後に抵抗はすべきではなかったと主張する約半数にとって、大戦中の時点では「七月二〇日の男たち」はナチ体制の犠牲者ではなく、ドイツの祖国に対する裏切り者であった。

以上からは、ヒトラー暗殺事件が失敗した後にも、「総統」と共に「総力戦」に身命を投げ打ち、それにもかかわらず敗北したドイツ国民は、その多く、とくに旧職業軍人が祖国のために一致団結して戦った過去を容易に否定することはできなかったと判断できよう。敗戦の原因を軍事力や指導層にではなく、身内の裏切り行為に求める「匕首伝説」がはびこる可能性がこの時期にはまだ存在していたのである。こうして反ヒトラー・反ナチを国是とする国家で、ヒトラーを暗殺し、ナチ政権をクーデターで打倒しようとした「七月二〇日の男たち」を追悼し、その事件を公的に想起しようとする試みに対するバリアは堅固なままであった。西側連合国もまた終戦当時、第三帝国が一枚岩の体制であったと見なし、このような「もう一つのドイツ」が占領政策に介入してくることを回避するために、その存在を認めようとはしなかった。[35] しかし、冷戦の対立が深まるなかで西ドイツでは、ナチズムに抵抗した共産主義者の英雄像に対抗でき、西側体制と連続性を有する歴史的主体が求められるようになった。

そのきっかけの一つとなったのが、一九五一年のアメリカ映画『砂漠の狐』（邦題は『砂漠の鬼将軍』）である。主人公はドイツの伝説的名将のE・ロンメルであり、彼が素人的な主観的判断に基づいて兵士たちの犠牲を厭わない命令を下すヒトラーやその取り巻きと対立するなかで「七月二〇日の男たち」と接近し、事件後はその関わりを問われて自死を強要された悲劇がそこで展開されている。ロンメルらの「もう一つのドイツ」の存在を認めたこの映画は西ドイツでも『ロンメル、砂漠の狐』のタイトルがつけられてヒット作となった。さらに、「七月二〇日の男たち」の評価を変える重要な転換となったのがO・E・レーマーに対する裁判であった。クーデター事件の鎮圧を実行した責任者であり、戦後は極右政党である社会主義帝国党を創設したレーマーは、五一年の選挙集会で「七月二〇日の男たち」を「外国から金銭が支払われた売国奴」と発言したため、連邦内相のR・レーアによって名誉棄損で訴えられたのである。ユダヤ人として亡命経験のある検事のF・バウアーがこの裁判に介入して、ナチ国家のような不法国家に対して反逆罪は無効であることを訴えた。最終的にこの裁判は「男たち」の行動が「熱い祖国愛」と「利己心なき民族への責任意識」によるものであることを認め、レーマーに三年の禁固刑を言い渡したのである。[36]

　この裁判ののちに、「男たち」の愛国者としての評価は広まり、その追悼は国家行事となっていった。五三年にクーデター作戦本部となっていた中庭にヒトラー暗殺事件記念碑（図表1-2）[37]が建立され、その後、毎年七月二〇日の記念日には追悼式典が開催されることになる。[38]また、そこに面する通りは五五年に「シュタウフェンベルク通り」に改名され、またこの年にこの事件をテーマにした二つの映画が相次いで制作されている。六月一九日にP・W・パプスト監督の『七月二〇日に起こったこと』が、同月二一日にはF・ハルナック監督の『七月二〇日』が公開され、「男たち」は祖国に身を捧げた英雄として描き出された。ナチ国家に対する加害者はナチ国家の犠牲者となり、ドイツに能動的犠牲を供した殉教者へと変貌していったのである。

図表1-2

　こうして東ドイツの反ファシズム「共産主義闘士」像に対抗でき、伝統的な美徳を体現する軍人像が形成されていった。この過程のなかでドイツ国防軍はナチズムから切り離され、ナチ犯罪とは無関係の「汚れなき」軍隊であることが暗示された。戦争体験が能動的な犠牲として理解されることで、西ドイツの連邦軍は歴史的連続性を確保することができたのである。[39] それは同時に西ドイツを、ナチズムと戦争に見舞われた受動的犠牲者の共同体から、自己同一化して、身を捧げうる能動的犠牲者の共同体へと移し替えていく過程であった。手を縛られて行動を制限されているが、祖国に献身できる鍛えられた古典主義的な身体を備えている記念碑[40]はこの過程を表現しているといえよう。

一九五五年にほぼ同時に公開されたヒトラー暗殺・クーデター未遂事件をテーマとする二つの映画[41]を具体的に検討してみよう。後述する「白バラ」などの反ナチ抵抗運動と接触をもち、国外逃亡の体験をもつ旧抵抗闘士のハルナック監督によって制作された『七月二〇日』(図表1-3、DVDジャケット)では、約一時間半の上映時間のうち最後の三分の一だけが七月二〇日の事件を直接的に扱っている。すなわち、ナチ期の抵抗運動が幅の広い階層と政治的潮流によって担われていたことが示され、七月二〇日の事件はこのすそ野の広い抵抗運動の頂点において生じた歴史的な出来事として描かれている。一方、オーストリア出身で、第三帝国下でも映画を制作していたパプスト監督による『七月二〇日に起こったこと』(図表1-4、同前)は、シュタウフェンベルクを中心とする将校たちによって起こされた七月二〇日の出来事に集中し、そのような行動に至った動機についてはほとんど言及されていない。メディアでは当初、ハルナックの『七月二〇日』に対する評価が高かったが、のちには『七月二〇日に起こったこと』がこのテーマを扱った代表的な映画となり、ビデオやDVDの市場でもこの映画が凌駕して、日本でも『ヒトラー暗殺』の邦題で市販されている。おそらく、七月二〇日の事件に関する啓蒙映画としては、その事件にテーマを集中した『七月二〇日に起こったこと』のほうが効果を発揮したからであろう。また、愛国主義の刻まれた規律化された身体が悲劇的に破滅する過程を描いたこの映画のほうが、複雑な歴史的過程にも注目した『七月二〇日』よりも視聴者のニーズにも合致していたといえる。

図表1-3

図表1-4

しかし同じ時期に上映され、国民的人気を得ていた『08／15』のような戦争映画と比較するならば、当初はどちらの映画も観客の動員数では足元にも及ばなかった。たしかに七月二〇日の追悼[42]の公的な催しは年中行事となり、その「男たち」を「裏切り者」や「売国奴」と見なす市民の割合は減少していった。二〇周年以降は公共建造物に旗が掲げられるようになり、同年に暗殺・クーデター未遂事件に関わり、処刑されたL・ベック、C・ゲルデラー、W・ロイシュナー、そしてシュタウフェンベルクの肖像画の切手（図表1-5）[43]が発行されている。しかし、これらの試みは国家が主導したいわば「上から」の追悼行事といった性格をもっていて、ヒトラー暗殺未遂事件は気もそぞろに市民を映画館に向かわせるようなテーマではなかった。また、抵抗運動の研究によって「七月二〇日の男たち」の政治志向が保守反動的であり、一部は明確な反ユダヤ主義を抱いていたこ

図表1-5

とが明らかになるにつれて、「七月二〇日」を追想し、その「男たち」を追悼する意味が西ドイツ体制の民主化を推し進める立場の人びとから見出されることは困難だった。実際に、五五年から約六〇年間、「七月二〇日」をテーマにした劇映画を商業ベースで制作する試みは現れなかった。

このような状況を明確に意識して、ARD（ドイツ第一テレビ）はドキュメンタリー番組『ヴァルキューレ作戦』を一九七一年に制作しており、高い評価も受けた。この番組の冒頭では、役者による演出とナレーションを加えながら、実写映像をフィクションとして再構成した週刊ニュースが映し出される。まず七月二〇日の暗殺未遂現場跡の映像の後、クーデターの成功によってその首謀者のベックがヒトラーに代わって国家元首となり、ナチスの大物と将軍が逮捕されたことが報じられる。軍隊には真実の情報が伝わり、ロンメルができるだけ速やかに和平交渉を行うことを病床から指示し、前線では防衛戦争が続くなか、銃後では復興が開始され、大学では自由な学問研究が再開され、多くのドイツ人がこれからも生きていけることを感じ取っていることをこの「ニュース」は伝えている。ここでは、暗殺・クーデターが成功していれば、そののちの膨大な人的・物的犠牲が払われずに済んだことが示唆され、反ナチ抵抗者たちはヒトラー独裁からドイツを解放し、その受動的犠牲者を救済する能動的犠牲者であったことがこの「ニュース」を通して証明されている。

その後に現在の一般市民への街頭インタビューの映像が現れ、多くの市民が四半世紀前の歴史的事件や首謀者の名前を知らないことが明かされていく。そこで示された世論調査（西ドイツと西ベルリンの市民対象）によれば、三〇歳以上の市民の六〇パーセントがこの事件を知っているのに対して、三〇歳以下、すなわちこの事件の記憶がない年齢層においてその数字は四六パーセントにとどまり、この事件に対して何の意見も持ち合わせていない割合は六六パーセントにのぼる。そして全体の五二パーセントがシュタウフェンベルクの名前を耳にしたことがないという。この事件から四半世紀以上が過ぎ、当時は誰もが驚き、憤慨した衝撃の出来事は、映画などによる啓蒙活動にもかかわらず、ナチ時代の歴史の挿話なりつつあり、その記憶は次世代に引き継がれていたとはいえなかったようである。

さらにこのドキュメンタリー番組では、ジャーナリストで、のちにヒトラーに関するドキュメンタリー映画で名を成すことになるJ・フェストが登場し、インタビュアーとしてこの事件の生存関係者から証言を引き出し、その証言にそって俳優が「七月二〇日」を再現していく形で暗殺未遂劇が進行していく。証言者として登場しているのは、クーデター未遂事件鎮圧の責任者であり、前述の裁判で有罪判決を受けたO・E・レーマー、暗殺未遂事件で負傷し、のちにニュルンベルク継続裁判で終身刑を言い渡されたが、減刑によってすでに釈放されていた元砲兵隊大将のW・ヴァルリモント、同じくヒトラーの参謀として未遂事件で怪我を負ったが、戦後は連邦軍の確立に尽力したA・ホイジンガー、「七月二〇日の男たち」と密接な関係をもったが、ヒトラーの報復を逃れることができたL・フォン・ハンマーシュタイン、ニュルンベルク裁判で下された刑期をすでに終えていたA・シュペーアなどである。これらの証言を記録したという点でもこのドキュメンタリー番組は貴重な価値を有するが、『シュピーゲル』誌や『ツァイト』紙にはこの番組に関連する記事は見当たらず、当時の西ドイツ社会に大きな反響を呼び起こしたということはなかった。

2 「白バラ」抵抗運動

「七月二〇日の男たち」による抵抗の記憶と追悼がいわば「上から」の試みであったのに対して、「白バラ」のそれはむしろ「下から」のものだったといえる。「白バラ」[44]とは、キリスト教と人文主義の精神に基づいてナチス・ドイツの戦争政策に反対するビラをさまざまの手段で広め、反ナチのスローガンを落書するといった反政府運動を展開していたハンスとゾフィーのショル兄妹（図表1-6）[45]、C・プロープスト、W・グラーフ、A・シュモレルらのミュンヘン大学の学生とK・フーバー教授によって構成されたグループである。四三年二月一八日にミュンヘン大学内でビラをまいたショル兄妹はその場で逮捕され、二二日にプロープスとともに人民裁判所でR・フライスラーによって裁かれて、死刑判決後すぐに処刑された。ほかのメンバーの逮捕と処刑も相次ぎ、この反ナチ抵抗グループは解体したのである。処罰されたのはこの五人だけではない。フーバー、グラーフ、シュモレルに死刑判決が下された裁判で一〇人の「白バラ」の協力者が禁固刑に処せられただけではなく、ハンブルクでは白バラの五〇人以上のシンパの活動が発見され、死刑を含む刑罰が科せられている。

ミュンヘンの新聞は最初に処刑された三人を非組織的な「単独犯」と断定して、その裁判と死刑執行を簡略に報じたが、「白バラ」の活動とその悲劇的な終結がどれほどミュンヘン以外のドイツで一般に知られていたのかは不明である。ＳＤ報告は一九四三年三月一五日に「白バラ」を「敵対的なサークルの活動」として取り上げているが、かなり短い報告であるために、曖昧な点が多い。ともかくその報告によれば、帝国のさまざまな地域で「ミュンヘンの学生の比較的大きな示威運動」のことが語られており、この活動を通して「住民を不安にする噂」が広がっていたという。このような行動に一般住民は以前ほど対抗的な行動をとることが少なくなり、「もはやビラをすぐに（当局に）手渡すことなく、読み、一部ではほかの人に手渡しするようになっている」ことが見られたという[46]。この報告はショル兄妹の逮捕から一カ月後のものであり、ベルリンなどの都市の公共建造物へ「マルクス主義的な内容」の落書きやビラ貼りをするプロパガンダ活動にも言及しているので、「白バラ」のビラに関するものなのか断定できない。しかし少なくとも、「白バラ」の活動は

図表1-6

ミュンヘンの都市を越えた比較的広範囲な領域で知られており、「白バラ」およびそれに類する抵抗活動への共感も徐々に広がりつつあったことは確認できるだろう。

拙著ですでに指摘したように、[47] 一九四三年一月から二月にかけてのスターリングラード戦の敗北によってドイツ住民は、それが「戦争の転換点を意味しているという確信」を広く持つようになり、そこに「終わりの始まり」を見る傾向があると当時のSD報告は確認している。終戦後の意識調査もこの事実を裏づけているが、白バラの存在がその逮捕と処刑によって知られた時期は、まさにナチ体制とその戦争が「終わり始めた」という意識上の転換の時点と合致している。つまり、ナチスが解体したかつての政敵ではなく、体制を支えていると思われた非政治的な市民がナチ体制に抵抗し、死の能動的犠牲をナチスなき祖国に払った「白バラ」の存在を知ることで、ドイツ住民はスターリングラード戦の敗北が与えた「終わりの始まり」をさらに実感し、不安と共感のアンビヴァレントな感情を抱いたといえよう。

「白バラ」の活動が広く知られるようになったのは、メンバーの逮捕による解体ののちであることは間違いない。そのことに大きく貢献したのが、イギリスに亡命していたノーベル賞作家のトーマス・マンである。彼はイギリスのラジオ局BBCを通して「ドイツ人の聴取者」に向けて定期的にスピーチを行っていたが、一九四三年六月二七日の放送で「スターリングラードの生存者のハンス・ショル、その妹、クリストフ・プロープスト、フーバー教授」の名前を挙げながら、「いま世界はミュンヘン大学の出来事にとても深く心を動かされている」と「白バラ」を取り上げ、「輝ける若者よ、勇気をもて！」と反ナチ抵抗に立ち上がることを呼びかけたのである。禁止されていたこのラジオ放送を多くのドイツ市民が耳にし、それが広く伝聞された。[48] さらに、反ナチ抵抗運動「クライザウ・サークル」のH・J・フォン・モルトケが白バラのビラを連合国まで持ち出させることに成功し、それが複写され、「ミュンヘン大学生宣言」として数十万枚がドイツの大都市に航空機で散布された。[49] 周知度の規模は明らかではないが、「終わりの始まり」の時期に「白バラ」はすでに象徴的存在となっていたといえる。

クーデターをもくろんだ「七月二〇日の男たち」の場合とは異なり、非暴力の道徳的な訴えを通して反ナチ抵抗運動を展開した「白バラ」を追悼する試みは、戦後まもなく始まっている。[50] 地元の『南ドイツ新聞』はニュルンベルク裁判が開廷されたばかりの一九四五年一〇月二三日に「ヒトラーに抵抗した英雄たち」という題で「最初の信頼すべき報道」を自称する記事を載せ、翌月には最初の追悼の催しがショル兄妹の逮捕現場で行われている。西ドイツの建国後はすべての大統領がこの追悼の催しに挨拶の言葉を送り、あるいは自ら出席している。しかし、当初の「白バラ」の「抵抗」としての評価は肯定と否定の入り交じったものだった。先の『南ドイツ新聞』の「最初の信頼すべき報道」は、その「学生反乱」が「ドイツ全体がびくびくしてヒトラーに屈服した」わけではないことを証明しただけではなく、「生命よりも自由を愛するという義務」を私たちに残したと評価する一方で、この「学生反乱」を「道徳的で、精神的なもの」であり、背後に「権力」のない「夢想者」の行為と呼んでいる。[51] また四五年にミュンヘンで行われた最初の追悼の催しで演説したカトリック青年運動の指導者のR・グアルディニは、「白バラ」はヒトラーによってドイツ民族に与えられた辱めと破壊に逆らうことでドイツ民族の名誉を問題にしていたと高く評価しているが、それが「現実的な観点では無力で、それどころか世間知らずの行為」であったことも認めている。[52] 四六年の『南ドイツ新聞』の記事によれば、ドイツは自分の生命を犠牲にしても公然と抵抗することによってのみ自ら招いた罪を贖うことができるという確信に基づいてこの「六人」は行動したが、「個人のプロテストは大衆支配のなかでは政治的に意味がなく、キリスト教に根本的に逆らった暴君殺しのみが目的を達する」ということを認識せず、その意志さえなかったのだという。[53] これらの指摘が、組織的に政府転覆を試みた「七月二〇日の男たち」との比較においてなされていることは言うまでもない。たしかに「白バラ」はドイツ民族のためにその身を犠牲にした能動的犠牲者ではあるが、のちの六一年の連邦最高裁判所の判決（第3章第1節で詳述）の概念と基準に従えば、「既存の不法状態」を除去する成功の見込みがなかったという点で、その行為は「抵抗」の定義から外れた無謀な行為ということになる。

このようなどっちつかずの評価に転換をもたらしたのが、ショル兄妹の姉、インゲ・ショルが著した手記『白バラ』（邦題『白バラは散らず』[54]）である。この手記は一九五二年に初版され、五六年には大手出版社であるフィッシャー社が刊行を受け継ぐことで多くの読者を獲得したことによって、この抵抗運動の存在を広く周知させることになった。「白バラ」の行動とその背景を紹介し、そのビラを添付することで、この反ナチ抵抗運動が感情に駆られた若気の血気に逸る行為ではなく、ヨーロッパの伝統的な政治思想と愛国主義に基づき、使命感に燃えた自覚的な行動であることをこの本は伝えることになった。こうして「白バラ」は、たとえナチズムの圧倒的な権力の前では無力だったとしても、「七月二〇日の男たち」と同じように「最終的には不法状態の克服を準備することに決定的に貢献する」ものとして評価されていったといえよう。

この姉の著作によってショル兄妹、とくに処刑された唯一の女性である妹のゾフィーが「白バラ」を象徴する存在となっていった。「七月二〇日」の二〇周年にあたる一九六四年に発行された前述の記念切手（図表1-4）からそのことは確認できる。八つの肖像画のなかの四人が「七月二〇日の男たち」を、二人が「クライザウ・サークル」を、一人が「告白教会」を代表しているが、「白バラ」の顔としてゾフィー・ショルが選ばれているからである。六八年にはミュンヘン大学の政治学協会が「ショル兄妹協会」と名づけられ、ショル兄妹がビラをまいて逮捕された講堂の前の広場は「ショル兄妹広場」（図表1-7）と改名されている。また同時期にオペラ『白バラ』が作曲されている。

図表1-7

共産主義者の抵抗の排除

こうして第三帝国における抵抗運動の記憶は、「七月二〇日事件」に帰結していく保守主義者と将校を中心とした抵抗と、「白バラ」の学生運動にほぼ独占されることになった。実際に学校の歴史教科書でも抵抗運動の記述はこの両者にほぼ限定されていた。(55) 一方、第三帝国下で当初から激しい弾圧を受けた共産主義者の抵抗は、全体主義的な社会を実現するためのものであったと判断されて、想起と追悼の対象から外された。反ナチ抵抗はナチズムと共産主義という「全体主義」に対する抵抗の脈絡のなかで公的に想起されたのであり、その意味で「七月二〇日」は、反ソ蜂起が起こり、そののちに西ドイツで「ドイツ統一の日」となった「六月一七日」と関連づけられたからである。

したがって、ナチズムに抵抗した英雄のなかに共産主義者が相並ぶことは「七月二〇日の男たち」の崇拝者にとって耐えがたいことであった。たとえばシュタウフェンベルクの三男で、キリスト教民主同盟の連邦議会議員であるフランツ＝ルートヴィヒ・フォン・シュタウフェンベルクは、「七月二〇日」の三五周年記念式典で社会民主党の議員団長のH・ヴェーナーが演者として提案されたとき、社会民主主義者に転向する以前にヴェーナーが共産主義者としてナチズムに抵抗していた経歴を問題にして、異議を唱えている。(56) 抵抗闘士のこの息子によれば、「七月二〇日」の抵抗に結集したさまざまな勢力は、ただ単にナチズムに反対したというだけではなく、人道、法、自由という理念に賛成していたという点で共通していた。だから、抵抗が「何に反対」していたのかだけではなく、「何に賛成」していたのかも問わなければ、「七月二〇日」の蜂起をもたらした反ナチ抵抗を追悼する意味は失われる。この「賛成」をヴェーナーは共有していなかったのだから、彼は演者としては不適切であるという。(57) ヴェーナー自身は自分の演説が犠牲者の追悼をめぐる政争の具となることを回避するためにその受諾を撤回したが、これに対してインゲ・ショルや『七月二〇日』の監督のハルナックらは抗議し、『ツァイト』紙上にシュタウフェンベルク議員の抵抗理解が「私たちのものとは合致していません。しかし私たちの理解は彼の父親のものに近いと思っています」という書簡を公開した。(58) また同紙には彼の行動は「核心においてまったく根拠がなく、政治的にまったく賢明ではなく、人間的に著しく未熟であることを明確に示している」という酷評が掲載されている。[59] しかし、ヴェーナーがその時点でも共産主義者であったならば、だれも彼を演者として薦めることはなかったであろう。反全体主義を国是とするこの国家において、たとえナチ独裁に抵抗して、弾圧・殺害されたとしても、共産主義独裁をめざす者には「犠牲者」の称号は授与されえなかったのである。

3 ヒトラー爆殺計画事件の単独犯——G・エルザー

事件の経緯

「七月二〇日」のヒトラー暗殺未遂事件は比較的規模の大きい組織的基盤を持つクーデター未遂事件でもあったために当時からドイツ国民の関心を呼び起こしていたが、これが唯一のヒトラー暗殺未遂事件であったわけではない。このような事件はこれまで歴史研究によって四二件が確認されており、そのなかでも一九三九年一一月八日の暗殺未遂事件[60]は、ヒトラーの殺害には失敗したが、多くの死傷者が出たという意味で特筆すべき事件となった。しかし、この事件は——「七月二〇日事件」や「白バラ」抵抗運動とは異なり——一九八〇年代に入るまでナチズムに対する抵抗として正当に歴史的評価を受けることはなかった。この事件とその実行者の逮捕・処刑までの流れを追いながら、その理由も考察してみよう。

爆弾が仕掛けられた場所はミュンヘンのビアホール「ビュルガーブロイケラー」。そこではクーデターをめざして起こし、失敗したミュンヘン一揆の一六周年記念式典が行われ、ヒトラーが演説することが予告されていた。演説するヒトラーの頭上に、それまでの記念式典の慣例に合わせて爆破時間が設定された時限爆弾が仕掛けられたが、式典のスケジュールの変更のためにヒトラーが会場を後にした一三分後に爆薬は炸裂した。しかし式典に参加していた「古参党員（alte Kämpfer）」ら八人が死亡し、六〇人以上が重傷を負ったのである。したがってその時間にヒトラーが演説していれば確実に爆死していたといえる。

このヒトラー暗殺未遂事件は一人の家具職人のゲオルク・エルザーの単独行動によって引き起こされた。一九〇三年に南ドイツの農村の貧困家庭に生まれた彼は、指物師として生計を立てていたが、世界恐慌で失業し、ナチスの政権獲得後も貧困生活は続いた。ワイマール時代には共産党に票を投じ、共産党の組織にも一時期加入し、ナチ体制に反感を抱き、ヒトラー敬礼を拒否していたが、彼が暗殺断行を決意したきっかけははっきりしていない。前年の記念式典会場のミュンヘンのビアホール、ビュルガーブロイケラーにヒトラーの演説の後に入り込んだエルザーは、その会場を偵察し、具体的に計画を練り始め、帰郷してから一年かけて独学で爆弾を製造し、実験を重ねた。三九年八月からミュンヘンで日中には爆弾を仕上げながら、晩には常連客を装って入ったビュルガーブロイケラーが閉店した後に建物の戸口に錠が下ろされるまで倉庫に隠れ、その後、朝まで爆弾設置の作業を続け、朝にホールの従業員が戻ると裏口から抜け出るという夜を三〇数回過ごした。一一月二日に完成した爆弾を設置して、三日後にヒトラーの演説時間に合わせてタイマーをセットした後、スイスに逃亡するためにその国境に向かった。しかし警備員から所持品を取り調べられ、その身はゲシュタポに引き渡されることになり、尋問と拷問を受けた数日後に彼は犯行を自白した。

しかしエルザーは「七月二〇日の男たち」や「白バラ」とは異なり、すぐさま裁判にかけられ、処刑されることはなかった。ナチスは十数分差で死を免れたヒトラーの強運を「神意」として彼を神格化しながら、この事件をイギリス諜報機関の仕業であると報道して、対イギリス戦の勝利ののちにこの事件の公開裁判を開くという計画を立てた。そのときの証人としてエルザーを利用することが目論まれたために、彼は終戦直前まで処刑を免れることができただけではなく、強制収容所の独居房で特別収容者の扱いを受け、家具作業台を与えられ、ツィター(弦楽器)を作り、演奏することもできた。しかし戦争末期になって利用価値が認められなくなり、エルザーは米軍によるダッハウ強制収容所解放の二〇日前、ドイツ降伏のほぼ一カ月前に殺害された。

戦後における評価

一方、ドイツ内外の反ナチ派は、この事件を第二の国会議事堂放火事件を引き起こすために仕組まれたナチスの自作自演の芝居であると見なした。戦後、この事件の首謀者は判明されていなかったが、エルザーがナチスの依頼と支援のもとで爆弾を仕掛けたという流説が広まっていく。その主要な情報源は、エルザーがヒトラー暗殺未遂の実行犯であるにもかかわらず、強制収容所で優遇扱いを受けていたことを目撃していた旧収容者の発言であった。たとえば、四六年二月二二日の『南ドイツ新聞』の一面トップの記事[61]は、「ビュルガーブロイケラー・ビアホールでの暗殺事件が解明された」の見出しをつけて、旧収容者の情報に基づきながらこの事件の「真相」を解明しているが、そこに「ヒトラーは世論操作のために『古参党員』を犠牲にした」という小見出しをつけている。つまりこの記事は、親衛隊の指導的地位にあったエルザーが「総統の委託を受けて」、「ドイツ国民のなかに対イギリス戦争の世論を盛り上げる」ために起こしたことが「解明」されたと伝えた。このような虚偽の情報に、反ナチ組織の告白教会の設立者のM・ニーメーラーも手を貸した。彼は「暗殺事件」はドイツ民族の闘争意志を「新たに煽ろうとした作り話だった」と明言し、エルザーを「親衛隊伍長」と断言したのである。[62] また、巨額の金銭がナチスからエルザーに支払われる約束があったという噂も立てられたが、このような情報や噂は彼のイメージによっても増幅されたようだ。ナチ中央機関紙『フェルキッシャー・ベオバハター』(三九年一一月二二日号)で使用されたエルザーの犯人写真(図表1-8)[63]が戦後——たとえば『シュピーゲル』誌(五〇年一月五日号)(図表1-9)[64]——も使用され続けたからである。彼の弟によれば、それは「粗暴に見え、無精ひげを生やし、膨れ上がっている拷問のあとのゲシュタポの尋問写真」であり、そのために兄は犯罪者としてイメージされてしまったのだという。[65] 実際に『シュピーゲル』誌のこの記事は、エルザーは強制収容所で特別待遇を受け、四万マルクの買収金を戦勝後に受け取ることになっていたと報じている。

結局、ヒトラーの暗殺を実行し、失敗に終わったこの事件は、戦後しばらく想起する価値を認められることはなかった。たしかに六〇年代中ごろに、エルザーに関する尋問調書の発見によってその行動の真実が明らかにされ、誤謬に基づく中傷的な評価は鳴りを潜めていった。しかしワイマール時代に共産党に投票していたこの下層民の単独行動は保守的な政治家やメディアから注目されることなく、また共産党と政治的な関連がなかったために東ドイツでも評価されることはなかった。この暗殺

図表1-8

図表1-9

未遂事件が反ナチ抵抗として公的に認められるまでさらに多くの年月を必要としたのである。

　以上のようなナチ体制に対する暴力の評価は、ナチ体制自体の合法／不法性の問題ともからんでいた。ナチ体制を正当な法秩序と見なしていた者にとって、ヒトラーの暗殺は正当な暴力ではありえなかったからである。逆に言えば、抵抗運動が正当な暴力として見なされるためには、ナチ体制の不法性が認識されなければならない。しかし一九六四年の世論調査で「ナチ国家は不法国家、犯罪体制である」という発言に同意していた市民は半数をやや超えるほどの数にとどまり、三割近くがノーと答えていたのである[66]。実際に、同性愛行為や治安に関して第三帝国で効力をもった法令が西ドイツでも適用されており、そのために同性愛者やロマが受けた迫害と殺害は戦後しばらく賠償の対象として正当に評価されることがなかった。第3章で検討するヒトラー・ユーゲントを襲撃したプロレタリア街の少年たちと同じように、家具職人エルザーの「暴力」は長らく「抵抗」という格付けを与えられず、ナチ独裁に対する「能動的犠牲者」のカテゴリーにも含められなかった。むしろ、ヒトラーを暗殺することはできなかったが、複数のナチ党員の命を奪ったエルザーは、「受動的犠牲者」を生み出した「加害者」と見なされたのである。

八〇年代末以降になってようやくナチ体制の不法性を認める市民の割合は八割を超え(67)、こうして国民の大多数が抵抗運動の暴力を正当と認める前提条件が整い、その運動の評価も高まり、その犠牲者は痛々しく記憶され、公的に哀悼されていくことになる。その変化は第3章で具体的に検討していくことにしよう。

4 反ナチ亡命者

反ナチ亡命者の類型

西ドイツの国民共同体は当初、褐色の経歴をもった人びとには比較的寛容であり、旧ナチ党員の多くが政治的共同体でキャリアを積むことができた。たとえば、一九三三年にナチ党に入党し、第二次大戦中には外務省で外国のラジオ放送を監視する要職に就いていたK・キージンガーは西ドイツで州首相、与党党首、連邦首相へと政治のトップへ上り詰めている。一方で、反共を国是とするこの国家は共産主義者には厳しく対処し、共産党は五六年に禁止され、共産主義者は西ドイツの国民共同体から「他者」として政治的に排除されていった。前述したように、共産主義的な反ナチ抵抗運動は、共産主義体制がナチ体制と同様に不法であると見なされた限りでその正当性を認められなかった。こうして西ドイツは、反共国家として安定した支持基盤を作りだそうとしたが、共産主義者以外にもこの共同体から「他者」と見なされ、受け入れられることが困難だった人びとが存在した――反ナチ亡命者である。[68]

ナチ期の亡命者は主に三つのカテゴリーに分けられる。[69]最大の集団は、言うまでもなくユダヤ人である。移住が禁止される一九四一年までに約二八万人が人種主義的迫害のためにドイツの地を去っているが、そのもっとも有名な亡命者がA・アインシュタインであろう。第二の集団が共産主義者、社会民主主義者、労働組合幹部、自由主義者など約三万人の政治亡命者である。三五年時点で九〇〇〇から一万六〇〇〇人が国外に脱出していたが、その年の一月に国際連盟管理地域だったザールが住民投票によってドイツに編入されると、すでにザールに亡命していた者も含めて約六〇〇〇人がその地を去った。さらにオーストリア併合とズデーテン割譲によって政治亡命者の数は増え、第二次大戦のナチス・ドイツのヨーロッパ侵攻によって、とくに最大の亡命地であったパリが陥落すると、亡命者は移動を余儀なくされ、ナチスと亡命受け入れ国の双方から迫害を受けることになる。ドイツ人亡命者の第三の集団がナチ・イデオロギーと敵対した文化人であり、その数は一万人以上と言われる。この文化人のジャンルは多岐にわたり、それは文学者から芸術家、音楽家、建築家、哲学者、さらには舞台・映画関係者、ジャーナリストなどに至る。これらの文化亡命者のなかで著名な人物として文学者のトーマス・マン、B・ブレヒト、音楽家のA・シェーンベルク、画家のP・クレー、建築家のW・グロピウス、L・ミース・ファン・デア・ローエ、社会学者のS・フロイト、E・フロム、哲学者のW・ベンヤミン、T・アドルノ、M・ホルクハイマー、H・アーレント、ジャーナリストのS・クラカウアー、映画監督のF・ラング、女優のM・ディートリヒの名前を挙げることができよう。

第二、第三の亡命者のなかにはユダヤ系ドイツ（オーストリア）人が散見されるように、亡命者は人種、政治、文化のカテゴリーで厳密に区分することはできない。ナチズムと政治・文化的に対立したユダヤ系の亡命者の場合、亡命の理由と意味は主観的判断によって異なった。つまり、政治・文化的ではなく、人種的な理由で亡命を決定したユダヤ人はナチスだけではなく、ドイツとその民族から追われたと感じ、その大半は亡命過程のなかでドイツ人アイデンティティを捨てており、戦後に帰国してドイツ国民として生きることを決断することは稀だった。これに対して亡命の理由の比重が政治・文化に傾いていたユダヤ人は、ナチスとナチ・イデオロギーの犠牲者である自覚が強く、ナチスなき戦後ドイツに帰国し、新生ドイツの政治・文化的構築に活動の舞台を見出すことは前者よりもずっと容易であった。実際に両者の帰国率は大きく異なっている(70)が、前者のユダヤ人亡命者が数的には圧倒的に多く、帰国したユダヤ人亡命者は全体の四パーセントほどであった。

もっとも帰国率の高かったのは、第二の政治亡命者であった。自由主義者や保守主義者、カトリック政党の亡命者はもともと数的に少なく、共産主義者はソ連占領区と東ドイツに帰国する選択肢をもっていたために、社会民主党と労働組合幹部の帰国者が政治亡命者の多数を占めた。この集団は、政治の世界に携わり続けようとした限りで帰国の動機がもっとも明白であり、約六〇パーセントがドイツの地で政治キャリアを再開しており、帰国の時期ももっとも早い。一九五〇年代まで社会民主党の幹部の半数が——戦後の初代ベルリン市長になるE・ロイターや、ベルリン市長から連邦首相へと上り詰めたW・ブラントのような——亡命者で占められている。

第三の亡命者集団の帰国率に関して正確な数字は見出されないが、ドイツで職業上のキャリアの展望が開かれているジャーナリストやラジオ・演劇関係者などの帰国率が高く、芸術家や学者の場合にはミース・ファン・デア・ローエやアーレントのように多くが亡命地をその後の活躍の基盤として選択し、帰国してもその時期は遅れた。(71)

終戦後の亡命者観

では、政治・文化的亡命者(これからこのカテゴリーの亡命者を「反ナチ亡命者」とよぶ)と帰国者は一般のドイツ国民にとってどのような存在であったのだろうか。イギリス軍がドイツ人捕虜に対して行った終戦前の意識調査によれば、ドイツ兵の多くが亡命に対して「逃亡」や「臆病」として激しい拒否反応を示したというが、(72) 亡命者に対するこのような態度が明確になった論争が終戦直後に起きている。

作家のW・フォン・モロが「すぐに戻って来て、人間性を通して、そして正義は存在し、ここで恐ろしく行われたように人間を一括して蹂躙することはできないという元気づける信念を通して、蹂躙された心に慰めを与えてください」と訴えて、ナチスの政権掌握後すぐに亡命したトーマス・マンに帰国を公開書簡で要請したことがこの論争の始まりである。これに対してマンは、ドイツは「恐ろしい国」で、亡命中に彼にとって「まさに外国になってしまった」と告白して、その要請を断ったのである。「ドイツの廃墟を前にして、外から悪魔の安息日を体験した者と、悪魔とともに踊り、悪魔を訪問したあなた方とのあいだの合意が困難であること」を彼は恐れたが、この返答に激しい憤慨が巻き起こった。亡命者のこのような態度に対して作家のF・ティースは、ヒトラーはドイツ精神まで破壊することはできず、その内的な空間は征服されないままであったことを確認し、ドイツ民族全体がヒトラーに従っていたのではなく、何百万のドイツ人もテロによって言い知れぬ苦しみを被ったことを強調した。そして、「国外からドイツ国民にメッセージを送ることよりも、この地において人格を保持することの方が困難」であったと判断し、自分たちを「国内亡命者」と呼んだのである。自宅の火災や飢えを自ら体験したり、ドイツ都市へ雨あられと落下する爆弾のなかを生き延びたりすること、とそれを週刊映画ニュースや新聞で見聞することは、あるいは「道を踏み外した民族の未曾有の転落を何百もの個々の事例で直接的に確認する」こととそれをただ歴史的な事実としてだけ確認することは、次元の異なることであり、「外国の桟敷席と平土間席からドイツの悲劇を見物」した反ナチ亡命者よりも、国内亡命者は精神と人間性の発展のために多くのことを得たのだという。このようにティースのような「国内亡命者」もまた、マンのような亡命者とは異なる立場からではあるが、歴史的体験の相違によって、とくに犠牲経験の有無によって生じた深い溝を亡命者と国内残留者とのあいだに見ていたのである。(73)

この論争は知識人層のあいだで注目されたようで、米軍当局は一九四七年にこの問題に関して教養人を対象に意識調査を行っている。それによれば、「民族」が共有した犠牲体験を欠いているため、亡命者は大きく変貌したドイツの状況を理解することは不可能であると多くの人びとは考えていた。たとえば第三帝国下で何度も逮捕された新聞編集者は「ドイツが文明世界の道徳的基準から大きく隔たったとまったく同じように、亡命者もドイツの同国人からかけ離れた」と指摘し、アウグスブルクの出版社社員は、マンは「私たちが一二年のあいだ苦しんできたことをまったく想像することができない」ので、「彼とドイツのあいだには縮めることがもはや不可能である大きな隔たりが生じている」と嘆いた。また、国内残留者に反省を促すようなマンら亡命者の教師面の態度に多くが不快感を示し、ある会計士は「自分の故国を批判することは、最悪の時代にそこで生活していた人だけができるのだ」と主張して、批判者としての反ナチ亡命者の資格を否定している。

そして多くの人びとは、愛国者として未来のドイツに献身しようとする亡命者だけに帰国の権利を認めようとした。アウグスブルク市議の言葉を借りれば、ドイツに身を捧げる能動的犠牲を回避した亡命者は今後の能動的犠牲によってその埋め合わせをしなければならず、こうして亡命者と国内残留者とのあいだにできた「谷間」は飛び越えられる。しかし、反ナチ亡命者のなかにそのような「ドイツの真の息子」は「ごくごく少数の者だけだろう(74)」という。

その後も「臆病」や「逃亡」といった亡命に対する偏見は消えず、それに「弱虫」「背信」「義務忘却」「反ドイツ性」「売国」といった誹謗も加わった。また亡命者が「アメリカ人」「トルコ人」「ボルシェヴィキ」といったその亡命先の国民名で呼ばれることもあった(75)。このような偏見を助長する事件が一九五四年に起きた。ヒトラー暗殺未遂事件に関与し、すんでのところで逮捕を免れてイギリスへ亡命したO・ヨーンは、終戦後に帰国したのちに公安に関する官職に就いたが、暗殺未遂事件一〇周年の催しの後に東ベルリンに「逃亡」したのである。翌年末にふたたび西ドイツへ戻ったが、彼は国家反逆罪に訴えられ、五六年に連邦裁判所によって四年の禁固刑を科せられた(76)。

この事件はヒトラー暗殺未遂事件の首謀者たちのような「国内抵抗者」だけではなく、「亡命抵抗者」の評判も落とすことになったが、当時の評価は「亡命抵抗者」にとくに厳しかった。この両者が

「政府高官」に就く可否を問う一九五四年の世論調査で（三割が「個人による」と判断し、二割が意見を保留）、「国内抵抗者」の場合ではその可否は四分の一ずつに真二つに分かれたのに対し、「亡命抵抗者」では「就くべきではない」と判断した市民はほぼ四割で、就くことを可能とした一三パーセントの市民を大きく上回ったのである。(77)

W・ブラントと亡命者問題

そして、一九六一年の連邦議会選挙で「政府高官」の頂点である連邦首相の候補者にかつての反ナチ亡命者が名乗りを上げたとき、ふたたび亡命者問題は激しく燃え上がることになった。その旧亡命者とは、のちにノーベル平和賞を受賞するヴィリー・ブラントである。一三年に非嫡出子として誕生して、「ヘルベルト・エルンスト・カール・フラーム」と命名された彼は、社会主義運動に加わったために三三年にノルウェーに亡命した。三七年にスペイン内戦に報道官として参加し、三八年にナチスからドイツ国籍を剝奪され、ドイツ軍のノルウェー侵攻のために逃走したスウェーデンでノルウェー国籍を取得している。終戦後に彼はノルウェー軍の制服を着てニュルンベルク裁判を報道し、ようやく四八年になってドイツ国籍を取得し、同時にノルウェー国籍を喪失した。その後も亡命中のペンネーム「ヴィリー・ブラント」を使い続け、五七年にベルリン市長になったブラントは、六一年の連邦議会選挙で社会民主党の首相候補になった。このとき、自由民主党は加わらなかったが、保守党のキリスト教民主・社会同盟やほかの政党は亡命者としてのブラントの過去を問う激しく、執拗なキャンペーンを展開したのである。

この選挙戦ではブラント首相候補に対する「囁《ささや》きキャンペーン」（E・バール[78]）がくり広げられた。「ブラントはドイツ人に銃を撃ったのか？」「ブラントは一九四八年にどこにいたのか？」「フラーム——ノルウェー人なのか、ドイツ人なのか？」「私たちは売国奴に投票すべきなのか？」「ブラントは共産主義者、あるいは情報部員だった（である）のか？」「スペインでのブラント——赤色戦線闘士、あるいは通信員？」[79]——選挙集会などで、ブラントの過去を問題にし、そのドイツ人政治家としての資格を疑問視するこのような問いが「囁かれた」のである。とくに注目されたのは、全ドイツ党（被追放者政党と保守右翼政党の合併によって成立した政党）の議長であったH・シュナイダーの「囁き」だった。「民族と祖国がもっとも困窮し、危険にあった時代に、この祖国や戦っていた軍隊に対して陰謀を企てていた」と亡命者批判を明言し、ブラントを「売国奴」と呼んだシュナイダーは、ドイツ兵に向かって彼は銃を撃ったのかと問い、その事実の有無が新聞紙上で問題とされた[80]。

これほど露骨な誹謗中傷ではないにしても、政治家としての資格を亡命の事実と関連づけようとする有力政治家からの発言は続いた。連邦防衛大臣だったキリスト教社会同盟のF・J・シュトラウスは「だが一つのことをブラント氏に質問してもかまわないでしょう。あなたは国外で一二年間何をしてきたのですか？　私たちは自分たちが国内で何をしたのか、知っています」と演説したが[81]、とくに問題とされたのはブラントが終戦後にノルウェー軍の軍服を着て帰国し、四八年までノルウェー国籍を保持していたことであった。連邦郵政大臣のR・シュトゥクレン（キリスト教民主同盟）は「数百万のドイツの男女が破壊された都市のなかでレンガの汚れを落としていた」時期にブラントが「ノルウェー人になるのか、ドイツ人になるのか」決めかねているような気楽な立場にいたことを皮肉った。[82] すでに拙著で指摘したように、第三帝国を経験したドイツ人にとってドイツがもっとも困難な時期にあったのは、大戦末期から四八年の通貨改革までの時期であった。[83] それゆえに、ブラントが第三帝国の崩壊の後にドイツ国籍を獲得できたにもかかわらず、その困難な時期をノルウェー軍服の姿で帰国し、ノルウェー人の身分のままでいたことは、この時代を経験した多くの人びとにとって彼の政治的資質を疑わせるに十分であったといえよう。シュレスヴィヒ・ホルシュタイン州首相であり、六一年の選挙戦のキリスト教民主同盟の責任者であったK－U・フォン・ハッセルも州党大会で、崩壊直後にドイツに帰還し、即座にドイツ国籍を回復した旧亡命者だけを自分の政党は尊敬すると言い立て、[84] また別な機会には「運命共同体」に対する自らの立場と信条を次のように吐露して、亡命者をこの共同体から排除しようとした。

私はドイツ人であることを自認し、ドイツの民族と祖国の運命を耐え忍び、運命を共にする覚悟である。私はよき日も、悪しき日もこの運命に義務を負っていると感じている。私は個人的な利益やほかの利得のために民族と国家の帰属を捨て去ることはしない。個人的に危険を感じればこの運命共同体を見捨て、危険が去ったらこの共同体にふたたび加わることなど私にはできない[85]

拙著『転換する戦時暴力の記憶』で詳述したように、一九五〇年代に数多くの戦争映画が制作され、そこではドイツ国防軍、とくにその一般兵士とナチ幹部は峻別された。国防軍と一般兵士は戦争という祖国への奉仕を全うしようとする能動的犠牲者であるが、ナチ幹部による無謀な戦争遂行の受動的犠牲者となったという二重の犠牲の物語のなかで、国防軍兵士は「犠牲者共同体」として国民共同体のモデルとなった。反ナチ亡命者に対する西ドイツ共同体の排他的な態度が示していることは、この共同体は亡命者の政治行動がナチズムの政治的迫害に由来しているとしても、この政治集団を二重の意味で「犠牲者」として認めなかったことである。

第一に、国内にとどまったドイツ人は、たとえナチ体制に抵抗せず、それを支えていたとしても、結果としてこの体制が遂行したテロと戦争の犠牲者になりえたのに対して、反ナチ亡命者は第三帝国を離れていたがゆえに、そのような犠牲者にさえなりえなかったと見なされた。つまり反ナチ亡命者は「受動的犠牲者」のカテゴリーから外された。第二に、国内で反ナチ抵抗運動を遂行した人びとはドイツを破滅から救うための犠牲行為を行っており、また国内にとどまったドイツ人は前線であれ、銃後であれ、祖国に身を捧げていたのに対して、祖国の最悪の時期に不在だった亡命者はそのような犠牲行為を行いえなかっただけではなく、祖国の悲劇的運命を外から傍観し、それどころか祖国に銃を向けていた売国奴とさえ見なされた。その意味で反ナチ亡命者は「能動的犠牲者」である資格も認められていなかった。この二重の犠牲の体験を共有していなかった亡命者は「犠牲者共同体」への帰属を疑問視され、第三帝国から離れていた過去を問われ、ナチ体制の政治的犠牲者というよりも、ナチ体制からだけではなく、祖国からも逃避したと見なされたのである。

一九六一年の連邦議会選挙で社会民主党は前回の得票率を上回りながらも敗れ、六五年の連邦議会選挙でもふたたびブラントを首相候補として闘ったが、第一党の座に上ることはできなかった。この選挙戦でもブラントをターゲットにした反亡命者キャンペーンがくり広げられ、この時点でブラントが亡命者であり、かつて別名をもっており、ノルウェー国籍だったことを西ドイツ市民のほぼ半数が知るに至った。[86]

しかし一方で、反亡命者キャンペーンの政治的な品格を疑問視する論調も早くから存在していたことも確かである。たとえば一九六一年三月四日付の『フランクフルト・ルントシャウ』紙は第一面に、ハーケンクロイツの紋章をつけたナチ政府の政治家から「ドイツから出ていけ！」と命令されている第三帝国時代のブラントと、スーツを着ているがまったく同じ顔をした与党の政治家から「亡命者！」と怒鳴られている戦後のブラントを並べた風刺画（図表1-10）[87]を掲載し、同日の社説では、国内にいた現在の政治家が何をしていたのかは問われず、多くの旧ナチ党員が与党から高官に任命されている矛盾を指摘して、「煽動はやめよ――もういい加減に礼儀にかなった選挙戦を始めよう」と訴えている。

反亡命者キャンペーンは外国でも注目され、スイスの『国民新聞』は「褐色と赤のファシズムの人身攻撃のやり方を髣髴させる」と批難した。[88]キリスト教民主同盟内部でも外務大臣のH・フォン・ブレンターノは、ブラントはドイツとではなく、ほかの人びとと同様に第三帝国と戦っていたのであって、尊敬に値すると、彼をこの点では擁護していたのである。[89]そしてE・バールが『ツァイト』紙に、極右政党のドイツ国民民主党と同じイメージを使用したキリスト教民主・社会同盟を批判して、「ヒトラーの戦争をドイツ民族の戦争と考えている場合にのみ、このキャンペーン全体は意味をもった」[90]と指摘した六五年には、亡命の過去を政治家の資質として問わず、むしろ肯定的に評価する風潮、それどころか亡命者を崇拝する風潮がとくに若い世代を中心に広まっていた。翌年に自由民

図表1-10

主党が連立政権から離脱し、元ナチ党員のK・G・キージンガーを首相とするキリスト教民主・社会同盟と社会民主党の大連立内閣が成立して、ブラントが副首相兼外相を務めると、同盟はようやくブラントに対する反亡命者キャンペーンを中止した。そして六九年に社会民主党と自由民主党の連合政権が成立して、この元反ナチ亡命者はドイツ政治の頂点に上り詰めた。自分の首相就任をブラントは「いまヒトラーは最終的に戦争に敗れた」と表現したが、それは実感であったのだろう。[91]

反ナチ亡命者に対する嫌悪感を露骨に示した人びとの大半はナチ時代にその体制を——程度の差はあれ——支えていたという過去を抱えていた。一方、亡命者はそのような過去をもっておらず、ナチズムの政治的弾圧にさらされ、祖国を追われたという意味で、ナチズムの犠牲者であった。しかし、「逃避」したと判断された亡命者はそのような犠牲者とは見なされなかっただけではなく、戦争で死を覚悟する能動的犠牲者にも、その戦争で身体・物質的損害を被った受動的犠牲者にも加えられなかった。この亡命批判者にとって、ナチズムに反対していたことではなく、能動的にも、受動的にも犠牲者であったことが西ドイツ国民共同体に帰属する条件であり、亡命者はこの条件を満たしていないと判断されたために「非国民」扱いされたのである。そのような意味で、当時の西ドイツ国民共同体は「犠牲者共同体」であった。そしてこの共同体は、祖国に献身したと見なされれば、濃い褐色の過去をもつ人びとにも寛容だった。このような国民のあり方に違和感を覚える市民が増えていくにしたがって、反ナチ亡命者に対する嫌悪感や敵対心は薄れていった。一九六九年、旧ナチ党員のキージンガーに代わって旧亡命者のブラントが連邦首相の椅子に腰を下ろしたことはまさにこの変化を象徴していた。「犠牲者共同体」がその姿を変えていったのである。

第2章

追放と性暴力

1 終戦期の被追放者

「盗人にも三分の理」ということわざがあるが、ズデーテン地方を獲得し、チェコスロヴァキア、ポーランド、ソ連などへ侵攻していった侵略行為を正当化するために、ナチスも大義名分を持ち出していた。ドイツの国境外で居住するドイツ系住民の存在である。この当時の東欧にはこのドイツ系だけではなく、さまざまな民族が国境を越えて分布しており、民族自決の原則に基づいて一つの民族だけが国境内に収まる国家を形成することは根本的に不可能であった。この原則に従って第一次世界大戦後に樹立された東欧諸国は現実には多民族国家であり、チェコスロヴァキアの人口の三割弱がドイツ系だったし、ポーランドにもドイツ系も含む他民族が三割ほど混在した。このことをドイツ国民にとって不当な状態と見なしたナチスは、ドイツ国境外のドイツ民族を国境内に収めるという国民国家の原則を達成しようとして領土を広げる一方で、劣等人種・民族と見なしたほかの民族の自決の原則を反故にし、その植民地主義的な支配をもくろんだのである。この計略がめざしたものはユダヤ系住民の消滅とスラヴ系住民の追放によるドイツ国民国家帝国の樹立であった。

ドイツの敗戦によって立場が逆になった。東部戦線の前線が西進していくとドイツ国内外のドイツ系住民は西へ避難し、一部は終戦後間もなく帰郷した。しかし、東欧諸国に旧国境を越えて散在したドイツ系住民と、国境線が西に移動することで新国境の外側に居住地をもつことになったドイツ人を、縮小されたドイツ領土へと強制移住することが、四五年八月のポツダム協定で決定された。この人口移動によって「民族浄化」を強行し、国民国家の原則に従って国民を区分けし、民族紛争の根源を断ち切ろうとするきわめて強引で、恣意的な政治的解決方法がここで取られたのである。実際にはこの協定以前にすでにこの強制移住は自発的に開始されており、こうして避難せずに残留した、あるいは避難先から戻ってきたおびただしい数のドイツ系住民が居住地を追放されることになった。この避難民（Flüchtlinge）と被追放者（Vertriebene）は「故郷被追放者」と呼ばれることになる——今後、両概念を厳密に区分して使用することは困難であるという便宜上の理由から、引用文と両者が明確に区分できる場合を除いて、避難と強制移住によって故郷を喪失したドイツ人に「被追放者」概念を統一して用いることにする——が、この犠牲者は一二〇〇万人以上を数え、移動の過程で多く人びとが命を落とした。その悲劇のなかでも最大の事件として今なお記憶されているのが、ナチスが建造した豪華客船ヴィルヘルム・グストロフ号の撃沈事件である。避難民らを輸送するために四五年一月にバルト海のグダニスク湾に面するゴーテンハーフェン港からこの客船は一万人以上を乗せて出港したが、ソ連の潜水艦から魚雷攻撃を受けて沈没し、そのためタイタニック号の犠牲者をはるかに上回る約九〇〇〇人が死亡している。また避難と追放の過程で、ナチス・ドイツの支配から解放された非ドイツ系住民による報復行動が頻発し、多くのドイツ系住民が殺害されている。たとえば、チェコのズデーテン地方の小都市ポストロプルティとジャテツでは、ソ連軍の撤退後にチェコの軍事部隊がドイツ系市民を営庭などに集め、辱めを与えた後に射殺するという大量殺戮が起きている。射殺される前に自分で墓穴を掘らされることもあり、またいくつかの大量埋葬地は二年後に秘密裏に掘り起こされ、その死体は焼却されている。このようなこともあってこの事件で犠牲になったドイツ系市民の数は不明だが、二〇〇〇人と見積もられている。[1] もちろんこの殺害行為は当時頻発した残虐行為のほんの一例にすぎず、しかも侮辱、暴力、レイプ、追逐、略奪、収容所への強制収容などの行為も伴い、餓死や衰弱死、自殺のケースが大量に発生した。[2] このような避難民の死亡犠牲者の総数に関しては、たしかに歴史学者のI・ハールによって犠牲者数が下方修正されてはいるものの、[3] 終戦後の被追放の犠牲者も含めて近年までおおよそ二〇〇万人とされてきた。

悲劇はそこで終わったわけではない。故郷と財産を失ったこの被追放者は、終戦直後の荒れ果て、縮小されたドイツの見知らぬ土地で生活を新たに営まなければならなかった。[4] その存在は終戦後の光景のなかで際立って目を引くものであった。作家のK・J・フィッシャーは一九四七年の手記で「避難民」（被追放者）が特別な存在であったことを次のように記している。

> 普通の人びと――破壊された都市の住民――破壊されていない都市の住民――爆撃被害者――疎開者――避難民――新市民――悲惨と快適な生活の諸段階。私たちのなかでもっとも貧しいのは避難民、もっとも豊かなのはすべてを保持し、何も失わなかった者、もっとも幸福なのは、定期的に援助物資を送ってくれる親戚をアメリカにもつ者。／もっとも貧しいのは――相変わらず――避難民／避難民は小屋、窓のない小さな農家、灯りのない防空壕に住むことがしばしばで、蹴飛ばされ、ほったらかしにされている。[5]

アメリカ占領軍のある将校は、バイエルンにおいて、おそらく全ドイツにおいて「ナチと反ナチ、黒色人種と赤色人種、カトリック教徒とプロテスタント教徒に違いは見られないが、唯一の相違は地元民と避難民のあいだにある」と述べている。(6)

一九九二〜九三年に社会学者のM・フォン・エンゲルハルトが行った二一五人の旧故郷被追放者を対象にした聞き取り調査(7)は、犠牲者の数字だけでは実感できない被追放者と追放劇の現実をリアルに伝えている。そもそも旧ドイツ帝国の域内だけではなく、ズデーテンを含むチェコスロヴァキアやポーランド、ハンガリー、ユーゴスラヴィアなどの東欧諸国に故郷をもつドイツ系住民も追放されたため、被追放者は地域的にも、また社会階層の観点でも多様な人びとによって構成された集団であった。しかしエンゲルハルトの調査によれば、この人びとの運命もまた、性、追放された状況、社会的地位、追放の時点の年齢などによって大きく異なっていた。まず、当時成人男性の大部分が徴兵されていたか、捕虜身分、あるいはすでに戦没者であったために、この追放を体験したのは主に女性、高齢者、子供であった。追放地域を故郷に持つ復員した男性の多くは、移住した家族が待つ異郷の地に帰還している。(8)追放措置が始まる前に、侵攻するソ連軍から多くのドイツ系の、とくに東部地区に住む民間人が西へ避難しているが、早めに避難を開始した場合には交通手段や食糧、宿の提供を受けて目的地に到着できた場合が多かった。しかし、避難が遅れた場合には、手押し車や徒歩で移動する場合が多く、途上でとくに老人や子供が凍死、衰弱死、餓死の悲劇に見舞われた。さらにソ連軍がその背後を襲い、その攻撃で犠牲者数はさらに増した。その際に女性が多数を占めていたために、ソ連兵による性暴力も多発している。エンゲルハルトが調査した女性の四〇パーセントがレイプを目撃し、一七パーセントは自らがその犠牲者であったことを告白している。(9)

避難せずに残ったドイツ系住民の追放が終戦後に正式に開始されても、状況は改善されず、むしろ悪化した。多くのドイツ系住民はソ連軍からの攻撃にさらされただけではなく、避難の場合と同様に非ドイツ系の住民や武装組織から報復行動を受けており、略奪、虐待、レイプ、収容所への拘束、ソ連への強制移住、殺害がその結果であった。持ち出し可能な荷物は数十キロに制限され、指定された集合場所から不衛生な貨物・家畜車両に詰め込まれた。その際、劣悪な配給しか受けずに衰弱し、死亡する事例は絶えなかった。[10]

生きて受け入れ先に到着した被追放者はけっして歓迎されたわけではない。終戦時のすでに混乱していた状況のなかで、この東から来た人びとのために住居の提供などを強いられた地元民にとって、異なる方言と生活習慣をもつこの「侵入者」は、治安を悪化させている反社会分子と見なされて露骨な嫌悪の対象となり、「よそ者」「無産者」「一文無し」「ジプシー」と呼ばれて偏見のまなざしを向けられた。シュレスヴィヒでは「スラヴ系」のプロイセン人の大量流入が「北欧的民族性」に危機をもたらすとして、人種主義的な排除さえ求められていたが、[11] アメリカ占領軍の意識調査によれば、四六年九月にヴュルテンベルク＝バーデン州の住民の二八パーセントが被追放者を「外国人」と見なし、一七パーセントがその政治的権利を制限することを望んでいたのである。[12] 地元民から投げかけられた「このポーランド人野郎たち、ここで何でもかんでも盗んでいきやがる」といった類の言葉が戦後長らく、被追放者たちの記憶に深く焼きついた。[13]

終戦後、西ドイツでは住民の六人に一人が、その後は東ドイツからの流入者によって五人に一人が旧東部ドイツ領土やほかの東欧諸国から故郷を追われた被追放者であった。その犠牲の大きさを前線兵士や空襲の犠牲と比較し、それを数値に表すことは難しいが、戦闘と空襲においてドイツ人も他国民に犠牲をもたらしたのに対して、被追放はドイツ人が特別に重大な犠牲を被ったと認識された。それゆえにこの追放は、とくにその犠牲者から正当性をまったく欠いた非道な措置として受け取られ、被追放者はその運命に服する理由を見出すことは困難であり、その憤慨は戦後長らく続いた。しかも新しい居住地でドイツ人の地元民からも差別され、さらには生活を再建し、戦後復興を遂げるうえで、この集団はほかの集団よりも重々しいハンディを背負っていた。[14] 図表2-1は一九四七年にブレーメンの学童生活調査の結果のいくつかをまとめたものであるが、家族の喪失、親の社会的下降、住居・家庭環境に「避難・追放」の有無が大きな影響を与えていることがここから理解できよう。終戦時のドイツの状況は、R・ロッセリーニ監督の四八年の映画のタイトルによって広まった「零時」の概念で表現されるようになったが、被追放者は、ほかの人びとがすでにスタートしていた「零時」のラインのずっと後方から遅れて走り出さなければならないように感じたであろう。

しかし移住地での生活状況においても被追放者は同質なものではなかった。ここでも高齢者、とくに故郷に農場などの財産を所有していた場合にその犠牲は特別に非情なものに感じられた。その多くは、激しい喪失感に苛まれ、痛々しいほどの望郷の念を募らせていただけではなく、順応性に乏しいこの年齢層は方言や生活慣習の違いのために移住地で孤立し、貧困に陥ったまま孤独な余生を送らなければならなかったためである。[15] これと比較して、失う財産をあまり持たず、家族の生活基盤を築くことにエネルギーを集中した働き盛りの年齢層は望郷の念を捨てて新しい故郷に順応しなければならず、その能力も備えていた一方で、追放のトラウマ経験はその日常のなかで抑圧されていった。[16]

	一般児童	避難民児童
父親が死亡	9.8%	11.4%
父親が行方不明	3.8%	8.3%
母親が死亡	2.1%	3.1%
母親が家庭外で仕事	6.3%	9.5%
焼け出された	31.4%	22.0%
一部屋住居生活	8.8%	26.2%
仮設住宅に宿営している	18.3%	42.2%
学校の宿題をすることができない	8.7%	19.0%
通学前に朝食をとっていない	8.7%	11.0%
単独でベッドに寝ていない	29.2%	39.7%
十分に下着がない	85.6%	89.9%
上級官吏・サラリーマン、自由業など最上層に属する父親の割合の増減	-1.6%	-6.1%
不熟練労働者など最下層に属する父親の割合の増減	+7.9%	+10.8%

図表2-1

若年層においては、人生史上のこの断絶体験を「冒険」と感知し、新天地に希望を抱いていた者も多かったという[17]。しかし前者の成人の場合に故郷ですでに高い職業資格を得ていた者よりも、単純労働に従事していた者がより困難な生活を送らなければならなかった[18]。後者の若者の場合では、追放の時期と職業資格の取得の時期が重なった者は、その資格がないまま生活再建のために職業生活に入らざるをえなかった。つまり、追放の体験はこの青少年から大人になるための準備期間としての「青年期」を奪い、すぐさま「大人期」に入ることを余儀なくさせたため、そのような青少年はその後の職業キャリアで大きなハンディを負うことになる[19]。

たしかに被追放者の存在は、すでに始まっていた冷戦のなかで、追放を東側陣営の犯罪と見なし、ドイツ人を共産主義国家の犠牲者であることを示すことで、冷戦のイデオロギー的な武器として機能しえただけではなく、ドイツの戦争犯罪・責任を相対化する根拠も与えた。そのためにこの犠牲は同郷会などを通して盛んに想起され、新たに引かれた国境線であるオーデル・ナイス線はその正当性をめぐって活発に議論された。しかし、この住民層が報復主義的なナショナリスト集団として政治的に急進化し、第二次世界大戦の結果として生み出された戦後秩序の再編を試みる政治的なルサンチマン勢力になることは、戦後ドイツの政治・社会的基盤とその国際的威信を根本から揺るがしかねなかった。そのため占領下では被追放者の政治的結社は禁止されたが、西ドイツの被追放者は建国以前から同郷会の組織を試みており、各地域の同郷会の上部組織は一九四八年ごろから成立し始めた。建国間近になって、すべての地域の同郷会を傘下に置く連邦レベルの組織である「東部ドイツ統一同郷会」と「被追放ドイツ中央同盟」が組織され、改変されたのちに「被追放者連盟」が五七年に成立した。[20] そのような被追放者組織の政治的急進化が懸念されるなかで、政治的要素の強い「故郷の日」が設けられた。また同郷会ごとによって組織され、旧東方領土の各地域の被追放者が未組織者も含めて参加した大集会がこれらの組織が催す最大のイベントとして開催された。ここでは民俗衣装やコーラス隊、ブラスバンドなどを通して故郷が思い起こされ、旧交を温める機会が提供されたが、それは失われた故郷を取り戻す政治的な目標をプロパガンダする機会にもなった。五二年にシュレージェン大会には三二万人が結集したが、その数は西ドイツに居住するその地域の被追放者の二割以上がこの集会に参加したことを意味した。[21] 五〇年には被追放者のための政党「故郷被追放者・権利被剝奪者のブロック」も結党され、五三年の連邦議会選挙では二七議席を獲得し、アデナウアー政権に連立与党として参加している。

しかし一九五〇年代中ごろから状況は変化した。C・ロッツの研究[22]によれば、この時期以降に国境問題に関して西側諸国からの支持が得られなくなり、喪失した領土にポーランド人社会が既成事実として構築されていくと、故郷への帰還がリアリティのない願望であることが意識され、非被追放者もこの問題に対する関心を失くしていった。同時に、「過去の克服」の取り組みのなかで加害者としての歴史認識が高まるなかで、旧故郷への帰還ではなく、新故郷への統合が社会的に求められるようになったのである。実際にオーデル・ナイス国境線を承認する国民の割合は五一年に西ドイツでわずかに八パーセントであったが、六七年には四割に増加し、オーデル・ナイセ国境線を承認するワルシャワ条約がドイツ連邦議会で批准された七二年には六割を超えた。五九年には「故郷が明日、ドイツに帰ってきた」ならば被追放者の三八パーセントが「きっと帰る」、二七パーセントが「おそらく帰る」つもりでいたが、七〇年代に入ると四分の三の被追放者は帰郷の意志を失っており、被追放者の六割がその地にポーランド人が故郷として住む権利を承認していた。[23] 被追放者の政党「故郷被追放者・権利被剝奪者のブロック」は五七年の連邦議会選挙で五パーセント条項の壁を超えることができず、その歴史的役割を終えて、六一年に解党している。

こうして、定住先の地元民から差別的な待遇を受け、地元民と比較して生活の再建に大きなハンディを負っていた被追放者は、旧来のアイデンティティの保持や故郷の奪還を求めるナショナリスティックな政治を通してではなく、新たな故郷と戦後秩序に順応し、そこに自ら統合されていくことによって差別とハンディを解消していくことになる。その際、子供の教育にエネルギーと金銭を投入するという手段を用いることで世代を通して旧来の社会的地位を回復し、さらに上昇する未来志向の戦略が、有形の財産を奪われたこの人びとによって展開されることになる。そのため多くの被追放者、とくにその若年層はかつての故郷の言語や文化、習慣に固執して被追放者として組織されることを望まず、過去の空間よりも、未来の時間に希望を託したのである。また、資産の再分配によって被追放者を含む戦争被害者の生活を援助することを目的として一九五二年に「負担調整法[24]」が成立している。この措置は、たしかに被追放者のハンディを根本的に解消することはなく、結局は「奇跡」と呼ばれた経済成長を通して国民の生活水準が底上げされたことによって被追放者の社会・経済的統合は達成されたが、被追放者を政治的にも西ドイツ国家に統合するうえで象徴的な意味をもった。[25]

そのため、同郷会などによってかつての故郷とのつながりを保持し、帰郷する権利を主張する「被追放者」身分は、保持されるべきものというよりも、むしろ解消されるべきものになっていった。復興と高度成長の社会に順応し、そこに新しい故郷を見出し、豊かさを享受した被追放者から見れば、被追放者団体に所属し、そこに自己同一化する人びとは「敗残者」として戦後社会を生きているかのように映ったのだろう。さらに、高度経済成長の時代状況において、民俗衣装を身にまとって「過去」の空間に固執する人びとは――とりわけ西側の大衆消費文化の薫陶を受けて「ティーンエイジャー」のスタイルをまとう年齢層には――時代遅れの時間を生きる集団に見えたであろう。実際に、約四〇〇万の会員数をもち、被追放者の四割以上を組織していた同郷会団体も、復興が進展し、とりわけ負担調整法によって国民的連帯を被追放者が実感していくなかで、急激に魅力と組織力を失っていった。(26) 被追放者の権利を代弁する団体は若年構成員からますます背を向けられ、「高齢化の亡霊」におびえていったのである。(27) 「ヒトラー最後のドイツ人犠牲者」といわれる被追放者は自分が「犠牲者」であることを忘れはしなかったが、あえて思い起こそうともしなくなっていった。

2 被追放者の表象

占領国は、被追放者が被った運命と追放によって生じた深刻な社会問題を覆い隠そうとして、ニュース映像やドキュメンタリー映画などでその存在を公的に映し出すことをできる限り避けた。(28) その理由もあって、歴史的出来事とそれに見舞われた人びとの運命を表象＝代表する――たとえば、「終戦」にとって帝国国会議事堂で赤軍兵が掲げるソ連国旗、「空襲」にとってドレスデン市庁舎の展望台から撮影された廃墟の市街、「ホロコースト」にとってゲットー蜂起鎮圧で無抵抗に手を挙げている女性と子供や、強制収容所に横たわるおびただしい痩骨の屍体——の写真や映像を「追放」の歴史は生み出すことができなかった。その意味でも「追放」は戦後社会にその記憶を深く刻み込むことに成功しなかったのである。終戦後に「君たちの困窮は私たちの困窮」であると被追放者との連帯を訴える選挙ポスター（図表2-2）[29]をキリスト教民主同盟が作成しているが、そこに描かれているのはさまよう亡霊の姿である。

図表2-2

　同様のことは映画に関してもいえる。終戦後、戦後の風景としての瓦礫を背景にした「瓦礫映画」が映画のジャンルとして確立した。W・シュタウテ監督の『人殺しは我々のなかにいる』[30]（一九四六年）やH・コイター監督の『あの日々に』（四七年）がその代表作であるが、これらの映画のなかでも被追放者は登場しないか、背景としての役割しか与えられていない。五〇年代には戦争映画が大量に制作されているが、後述する六〇年の『闇夜がゴーテンハーフェンに襲いかかる』を除いて、被追放者を題材にしたヒット映画は存在していない。一方で、戦後最大のヒット映画の一つに被追放者は主役として登場している。それは、五一年の『原野は緑』でH・ストューヴェとS・ツィーマンが演じたリューダーゼン父娘であり、この親子はスクリーン上で被追放者をもっとも表象=代表するシンボリックな存在となった。この映画[31]を少々詳しく検討してみよう。

　父親はかつて大土地所有者であり、いまは追放されてニーダーザクセンの農村に住んでいる。その体験はその後も心の傷として残っているが、その原因は貧困にも、住宅問題にも、ハンディキャップにも、地元民からの差別にもない。二人はたどり着いた農村社会から受け入れられており、現実の被追放者の多くは収容所で生活をしていたのに、この親子は親戚の大邸宅で不自由なく暮らし、娘はその村落の守護者である林務官と相思相愛の関係を結びつつあったからである。ところが父親は、財産と故郷を喪失した悲憤を密猟行為によって鎮める欲求を抑えることができない。娘は村落の秩序を乱す父親とその秩序を守る林務官との板挟みに苦しみ、最終的に父親とともに村落から去ることを決心する。しかし父親はサーカス団員が密猟している現場を見つけ、危険を顧みずに立ち向かい、重傷を負う。この行為によって彼は村落の一員として認められ、そのことで娘は林務官との恋を成就することができた。この被追放者が新しい故郷の一員となったことを見届けて、観客は映画館を去る。この映画は五〇年代に一世を風靡した映画ジャンル「ハイマート（故郷）映画」の代表作となるが、ここでは被追放者が「ハイマート」に表象された戦後西ドイツの国民共同体に統合されていく姿が象徴的に描き出されたといえよう。

つまり、『原野は緑』では、大半の被追放者が体験した悲惨な避難と追放はまったく語られないだけではなく、追放によってもたらされた戦後の深刻な社会問題も心理的次元に還元され、被追放者の新しい故郷への順応・統合というハッピー・エンドで解決されている。故郷喪失の悲運を嘆かず、そのことで苦しむ父親を献身的に支え、地元民との恋愛を通して新しい故郷で人間関係を築いていく娘を演じたS・ツィーマンの姿は、西ドイツの国家と社会が求めていた理想的な被追放者像であり、被追放者ではない人びとも見習うべき国民像であったといえよう。一九五〇年代初期の光景を彩ったこの映画のポスター（図表2-3）[32]は、復興期の記憶として西ドイツ人の脳裏に刻まれたが、被追放者と復興期の国民全体のあるべき姿を提示していたのである。

流行歌では、婉曲的な表現で被追放のテーマを扱った曲『手のひらいっぱいの故郷の土』がトム＆トミーの歌声で一九五九年にヒットしている。

別れはつらく／あの時代はつらかった／私たちは闇夜に出て行かなければならなかった／あんなにも世界は暗く／あんなにも道は遠かった／そしてそこでは幸福なんて考えもつかなかった／**＊手のひらいっぱいの故郷の土を／私は見知らぬ地に持ってきた／そして生き続ける限り、愛を見つけた場所をわかっているつもりだ**／一度だけ、一度だけ、私たちは大声で叫んだ／ふり返り谷間をのぞいた／こんなにも愛は遠くにあり、こんなにもわが家は遠かった／でもどこでも私は慰められた／**＊リフレイン**／多くの人びとが途上で勇気を失い／その人たちに私はもう二度と会うことはなかった／愛しき人よ、待たなくてはならない／そしたらすべてはうまくいく／それまで多くの月日が経ようとも／**＊リフレイン**

図表2-3

この曲は、被追放を直接的に示す概念を使っていないものの、被追放者の心情を揺さぶることでヒットした。

現実に被追放者の多くが故郷の土を持ち込んでおり、埋葬の時に墓地に振りまかれたこともあったのである。もちろんこの曲は故郷の土に固執することを求めているわけではない。ここでは被追放者の苦難と喪失が語られると同時に、絶望に陥り、復讐に向かうことなく、耐え、待つことが説かれ、その先に幸福が待っていることが暗示されている。しかもこの曲は長調で作曲されており、この忘れがたい犠牲を過去のものにしようとしているかのように、重苦しい歌詞は哀愁を漂わせながらも、一九三〇年代に成立したドイツ流行歌に特有の軽やかな旋律に乗って流れていく。

一方で、このヒットの翌年に、『原野は緑』と同じ主演女優のS・ツィーマンを使って避難の現実を描き出そうとして、先述のグストロフ号の悲劇を題材にした映画『闇夜がゴーテンハーフェンに襲いかかる』（邦題は『グストロフ号の悲劇』）が制作されている。監督は前年にスターリングラード戦をテーマにした映画『犬どもよ、永遠に生きたいか』（邦題は『壮烈第六軍！最後の戦線』）でメガホンを握ったF・ヴィスバールである。その物語は、ツィーマンが演じたラジオ局アナウンサーのマリアを主軸に展開していく。彼女は同僚と結婚するが、夫は結婚直後に出征してしまう。その留守中に海軍将校のハンスに言い寄られた彼女は、空襲の混乱のなかに肉体関係をもってしまい、のちに彼の子供を身ごもったことを知る。夫の親元にいることができなくなった彼女は、旧友の住む東プロイセンの農村に身を隠した。そこで彼女は出産するが、やがて赤軍が迫ってくる。夫は妻子を救出しにやってくるが、赤軍の攻撃で重傷を負ってしまう。三人は港湾都市のゴーテンハーフェンまで逃げのび、そこで出航を待つヴィルヘルム・グストロフ号にハンスの援助で乗り込むことができたが、その船はソ連の潜水艦の砲撃を受け、沈没していく。マリアたちは極寒の海に投げ出され、あるいは船とともに

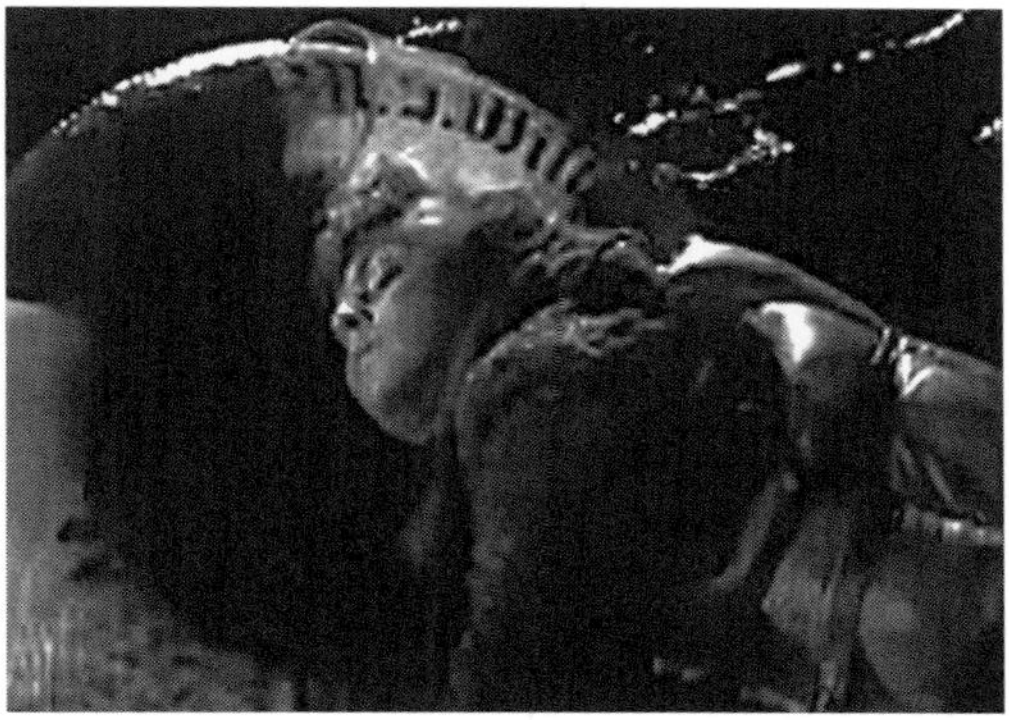
図表2-4

に水没して息絶える（図表2-4）。生存者たちが沈みゆくヴィルヘルム・グストロフ号を救助船から見つめながら、この物語は悲劇的に幕を閉じる。

ヴィスバール監督によれば、「あの崩壊の日々におけるドイツ女性の運命」を描いたこの映画の目的は、彼女たちが男性と同じ「英雄的精神」をもち、「男たちと引けを取らない体験」に立ち向かっていたことを示すことにあった(33)。たとえば、この映画の導入部では、ドイツ軍兵士の墓標が立ち並ぶ墓地が映し出され、「孤独な眠られぬ夜、もはやよりかかることができる腕もなく、寝入ることを許さない絶望の気分で、あまたの涙を流すことで、ドイツの女たちは男たちの英雄的行為と死の覚悟の代償を払った」というナレーションとともに、嘆き悲しむ女性たちがクローズアップされている。このように家父長主義的なジェンダー関係を前提としているが、この映画は女性たちに受動的な役割だけを与えているわけではない。ラストシーンでは、マリアとともにグストロフ号に乗船し、救助船によって命を救われた女性が、マリアの赤子を抱きかかえながら、モノローグを通して観客に次のように訴えている。

女たちも自ら責任を負っている。くり返し私たちは戦争を行う男たちの背中を押している。やめさせるために私たちは前もって一本の指も動かしていない。今日ここで起きているすべてが、明日にはもう忘れられている。そしてまたもや船が沈んでいく。あるいはもっと大きな船が、世界という船が……。

この時期の戦争映画がドイツ人の戦争犠牲者を能動的犠牲者に転換するうえで重要な役割を果たし、ヴィスバール監督の前年の作品『犬どもよ、永遠に生きたいか』もそのような映画の一つであることはすでに前著(34)で指摘した。この映画では、一般兵士は独ソ戦を人種主義的な征服戦争としてではなく、「通常」の戦争として祖国のために能動的に戦う一方で、ナチスは自らの世界観を実現させ、あるいは個人的な名誉欲を満たすための手段としてその戦争を利用することで、相手国だけではなく、ドイツ人の一般兵士にも多大な犠牲を強いている。こうして、祖国のために戦っていた愛国者はナチスではなく、一般兵士であることを示し、それゆえにその死は、たとえそれがナチスの無謀な戦争政策によるものであったとしても、「無駄死に」ではなく、能動的な犠牲として意味づけされることができた。『闇夜がゴーテンハーフェンに襲いかかる』は、女性の犠牲に意味を与えるという点で、まさに『犬どもよ、永遠に生きたいか』の女性版として位置づけられるだろう。この映画では女性だけではなく、いたいけな子供も戦争犠牲者としてその死が赤裸々に描写されているが、その死に何らかの意味を付与するために、銃を手にした男性とは異なる形で女性を祖国のための戦いに関与させているからである。つまり、この映画は女性の主人公に、夫の出征や空襲、妊娠、避難生活、出産、赤子を抱え、重傷の夫を看病しながらの避難といった試練を与え、そして海難・水死という悲劇的運命を課し、そこで示された「英雄的精神」を強調することで、女性を能動的犠牲者に仕立てているのである。その意味で『闇夜がゴーテンハーフェンに襲いかかる』は、被追放者の物語というよりも、男性が主体となった戦場ではなく、女性と子供が多数を占めていた避難と追放を舞台背景として「女たちの戦争」を描いた映画であったといえる。したがって、女性は男が仕出かした戦争の受動的犠牲者であったという物語の構図は回避されなければならず、女性にも能動的に戦争に関与した責任が問われているのである。

しかし、一九五九年に西ドイツ映画市場で年間第六位の興行売上を記録した『犬どもよ、永遠に生きたいか』と比較すれば、『闇夜がゴーテンハーフェンに襲いかかる』は興行的に成功した映画であったとはいえない。そして、その後も避難と追放をテーマとするヒット作は生み出されなかった。ふたたび「追放」が歴史的テーマとして脚光を浴びるようになった世紀転換後まで、この種の映画は待たなければならなかったのである。

以上のような被追放者をめぐる傾向は都市空間にも表現された。たとえば、戦後に西ドイツの多くの都市では、通りや広場が失われた東部地区の都市名を用いて命名されており、こうして失われた領土の存在が都市の日常生活において可視化されることになった。一例を挙げればケルンでは、大聖堂の体面に位置する中央駅の東口前の広場が旧シュレージェン（ポーランド語でシロンスク）地方の都市ブレスラウ（ヴロツワフ）の名を取って「ブレスラウ広場」（図表2-5）と一九五九年に名づけられた。終戦後に人口の約二〇パーセントを被追放者が占め、その多くがブレスラウ出身者だったケルン市は、その三年前の五六年にブレスラウ市と「代父都市（Patenschaft）」関係を結んでいる。

図表2-5

この関係は、対等な立場で異国間の都市のあいだで結ばれる友好関係としての「姉妹都市」(Partnerstadt)とは異なり、西ドイツの諸自治体が「代父(Pate)」として特定の都市の被追放住民を保護・援助する目的で片務的に締結され、五〇年代から六〇年代にかけて西ドイツ各地で約四〇〇結ばれた。この「代父都市」関係では、被追放者の特定の出身地の住民に対する物質的援助だけではなく、旧住民の所在の情報や再会・会合・集会のための資金と場所の提供、年金支給や雇用などの機会に必要とされる公的証明書類や証人などの捜査、ハイキングのような子供のためのリクリエーションの実施、出身地の文化財の保持やその文化に関する博物施設や書庫の設置といった「代替故郷」を提供することによって故郷喪失の精神的苦痛を和らげ、社会統合を促す援助も行われた。また、失地回復とドイツ統一を求める政治的意図もこれらの試みのなかには込められていた。[35]「ブレスラウ広場」の命名もこの「代父都市」関係の枠組みのなかで行われたのである。しかし被追放者の社会統合が進展し、失地回復とドイツ統一の見通しが失われ、世代の交代が進むにつれて、「代父都市」関係は当初もっていた社会・政治的役割を次第に終えていった。そして、広場や通りに残された旧故郷の名前にその本来の役割を見出す市民もまた漸減の運命を免れなかった。

また、西ドイツの各地で追放の犠牲者の記念碑は一九五〇年代に数多く建立されたが、その建立はある意味で帰還の断念と追放の事実上の承認の表現であるといえよう。ベルリンでは、一九三三年まで「帝国宰相広場」と呼ばれ、その後に「アドルフ・ヒトラー広場」に改名され、戦後に旧名に戻された「由緒」ある場所（六三年に「テオドア・ホイス広場」に改名）に被追放者記念碑（図表2-6）が五五年に建立されているが、そのメッセージは過去ではなく、明確に未来に向けられている。「永遠の炎」と名づけられたこの記念碑の台座には「自由　権利　平和」の文字が刻まれ、その裏面には「この炎は追放が二度とあってはならないことを警告している」と書かれているのである。

3 追放の受動的犠牲者から復興の能動的犠牲者へ

さて、先述したように、この被追放者に加えられたのは戦後秩序の国境の枠組みを措定する暴力であり、その不当性は戦後長らく訴えられてきた。そのため西ドイツ政府もその不当性を国内外に向かって主張したが、その国境の引き直しが現実政治のなかで実行されたなら、あるいは奪われた東部

図表2-6

領土の奪還をめざす極右勢力が台頭したならば、それは冷戦体制における国際・国内秩序に対する脅威と見なされ、ドイツ脅威論を国際的に復活させ、西ドイツ国家の国際的信用を失墜させる事態を招くことは必至であった。そのため被追放者に振るわれた暴力は、不当であると感じられながら、その不当性を公的に訴えることが困難であるというジレンマのなかで、やがて公的にも語られることは少なくなっていった。

こうして、追放という暴力の犠牲者のエネルギーは、『原野は緑』のヒロインのように、戦後体制を受け入れ、その体制を構築していくという目的に向けられることが求められた。そして被追放者はやがて、このことを達成した功労者として称えられることになる。一九五〇年代中ごろに社会学者のH・シェルスキーが打ち出し、人口に膾炙することになった「平準化された中間層社会」テーゼは被追放者の功績をすでにこの時期に――期待とイデオロギーを込めて――「証明」している。このテーゼによれば、労働者階級が個人・集団的に上昇し、その階級的性格を希薄にしていった一方で、第二次世界大戦とその結果は市民階級も含む広範な人びとに社会的下降をもたらし、その結果として西ドイツ社会は均質的な社会層へ「平準化」していったという。この過程において被追放者の家族は、その社会的下降の体験によって自立した堅固な家族関係を構築し、政治的手段による集団－階級的な上昇ではなく、子供の教育を含む個人主義的な社会的差異上昇の試みにエネルギーを注ぐことによって、近代的な「中間層社会」の担い手になったのだとシェルスキーは高く評価している。[36] ここにおいて被追放者は戦後社会を底辺から支え、構築していった功労者として持ち上げられているのである。

図表2-7

　このような傾向は、一九六五年に連邦便局から発行された「追放二〇年 1945 1965」（図表2-7）[37] の記念切手にも表象されている。避難と追放を強いられ、途上で数十万人が命を失った悲惨な西へ移動は、亡霊のような容姿や倒れた姿、あるいは貨車に詰め込まれた惨状としてではなく、西側ドイツ社会に向かって自ら突き進んで、そこに参加しようとしているかのように力強く描かれているからである。

　一九九一年に刊行されたオーラルヒストリー研究のなかで、被追放者であったH・ラスマンは「もちろんDは私の故郷だ。ごらんよ、ここで何が築き上げられたのか。ここで家をもち、知人関係を築き、趣味に興じたりしたのさ」[38] と、苦難を克服したことを誇らしげに語っている。一方、彼の一家の受け入れ家族として部屋を提供することを強要され、その意味で追放の間接的な犠牲者となったため不愉快な思いをしたことを記憶しているH・フーマンは、彼の家族のことを次のように回顧している。

ラスマンさん一家は、当時すべての避難民と同じように、十分に食料を確保するために、とても苦労しなければなりませんでした。一家はウサギを飼い、野原に穀類を集めに行き、野苺やスローベリー［西洋李］を摘まなければなりませんでした。野ばらの実やスローのマーマレードを作っていました。子供たちはウサギの餌のためにタンポポを探さなければなりませんでした。でも一家はいつもとても身だしなみがよく、きれいでした。[39]

公的にもこのような歴史観は頻繁に表現された。たとえば、「過去に目を閉ざす者は結局のところ現在にも盲目となる」という名言で知られるR・フォン・ヴァイツゼッカー大統領の戦後四〇周年演説（一九八五年）でも以下のような被追放者称賛が展開されている。

（ナチ支配と戦争およびその結果において）ドイツ人の側でもっとも辛酸をなめたのは故郷被追放者でした。（終戦の日の）五月八日を過ぎてもずっと長くひどい労苦と甚だしい不正がこの人びとにのしかかりました。その苛酷な運命に理解を示すような想像力と感受性を私たち地元民がもたなかったことは頻繁にあったのです。／しかしすぐに援助の手が差し伸べるはっきりとした徴候も出てきました。数百万もの避難民と被追放者が受け入れられたのです。［…］／この人びとの子供や孫は（さまざまに祖父母の文化や故郷愛と結び続けていますが）新しい故郷を自ら見出し、この故郷で同年齢の地元民と共に成長し、その地元の言葉を使い、同じ慣習になかで生活しました。この若さ溢れる生き方は精神的に平和を築く能力をもっていることの証明なのです。その祖父母や親はかつて追放されましたが、この若い人びとはいまや地元の人間になったのです。／早くから、そして理想的な形で故郷被追放者は暴力放棄を公言してきました。これは無力状態であった初期の一時しのぎの表明ではなく、今日でも通用する信条告白なのです。(40)

対立・反目していた被追放者と受け入れ地域・家族の両者の記憶のなかで被追放者は、ヒトラーが始めた戦争の結末のなかで踏みつぶされた「無辜の花々」のような「受動的犠牲者」から、反全体主義的な国家と豊かで平和な社会を構築するという目的《テロス》に非被追放者よりも献身した「能動的犠牲者」へとその姿を変えた。西ドイツの復興と高度経済成長のサクセス・（ヒ）ストーリーが共有され、被追放者はその立役者と見なされたのである。同時に、もっとも危機的で、もっとも連帯が必要であった時代に被追放者たちが受けた差別的待遇という国民の「内戦」の過去もまた記憶の奥底にしまい込まれた。

4　性暴力犠牲者とその戦後

ゴムタイヤ付きの荷車には何人かの女性と子供が乗っていて、その中にはベンチの下に隠れていた私の一五歳の娘もいた。しかし彼女は見つけられ、哀願したにもかかわらず彼女が獣の犠牲になることを私は阻止することができなかった。Bさんの妊娠八ヶ月の姉はゴムタイヤ付きの荷車から放り出され、光る銃剣で私たちを脅した野蛮なロシア人から直ちに、その荷車の横で、私たちの目の前でレイプされた。同時に私たちの隊列が略奪された。(41)

これは避難民、エマ・Mの体験記の抜粋である。先述したように、男性の多くは出征していたために、避難民において女性の比率は高く、それだけにこの集団はこの性犯罪者の恰好の餌食となってしまった。もちろんこの犠牲者は避難民だけではない。ソ連軍がドイツ領土を占領するなかで、約二〇〇万人のドイツ人女性がレイプの辱めを受けた。(42)また規模は異なるとはいえ、アメリカ兵からもドイツ人女性はレイプ被害を受け、一九四五年一月から一二月にかけてアメリカ兵に一五〇〇件の訴えが出されている。(43)その犠牲者の多くが複数回の暴行を受け、罹患や精神障害、妊娠、堕胎、自殺、その他の原因による死亡、生涯にわたるトラウマなどがその結果として伴った。

意図的にドイツ人男性の眼前でも行われたこのレイプは、敵国兵の性欲を満たすだけではなく、ドイツそのものの征服と支配を示威する象徴的な行為でもあり、逆に敗者にとってそれは敗北の現実を見せつけられる屈辱的な行為であった。同時に「女を守る」ことができなかったゆえに、この集団的レイプは家父長主義的なジェンダー支配を崩壊に導きかねない出来事でもあった。帝都で終戦の日々を体験し、のちに当時の日記を刊行することになる「ベルリンのある女」は、男性たちの戦いが次々に敗れ、銃後が前線となって女性も戦闘に巻き込まれるにつれて、男性に対する「すべての女たち」

の感情が変化したことを一九四五年四月二六日付の日記で綴っている。

私たちには気の毒に思うほど男たちはみすぼらしく、無力に見えた。弱き性なのだ。女たちのところで一種の集団的失望がいまにも噴出しようとくすぶっている。強き男を讃美する男支配のナチ世界がぐらついている――そしてそれとともに「男」神話も。[…] この戦争の終末に、男たちの男性としての敗北も多くの敗北の一つとなっているのだ。(44)

生き残った兵士たちは「敗者」として占領下の故郷に戻り、再会した女性たちはかつてとは明らかに異なっていた。男手なしにこの苦難の日々を送っていた彼女たちは自立していて、疲弊・憔悴した男性たちを精神的にも物質的にも支えていくことになり、この時期は「女の時代《シュトゥンデ》」(45)と呼ばれることになる。シンボリックに表現するならば、敗者となった男たちは「不能」となり、「勃起」していたのは勝者の兵士だった。男たちが戦場に赴き、戦死し、捕虜になったドイツの空間に勝者の「ペニス」が入り込み、その空間にこの男たちは帰還し、生活することになったのである。

当時、集団的に体験した性暴力に対して女性たちは、物質的に相互扶助を行っていただけではなく、その体験を語り合うなどして、精神的にも連帯行動をとることでその事態に対処した。「男たちの男性としての敗北」を確認した先ほど「ベルリンのある女」も性暴力の犠牲者であったが、その日記に「この集団で体験した大規模なレイプはまた集団で克服されなければならない」と決意を述べ、自分の体験を物語ることで鬱積を晴らし、苦しみをぶちまけることが女性同士で援助しあうことになったことを記している。[46] その際にジョーク——たとえば、「(空襲を行う) 頭上のアメ公よりも腹の上のロシア野郎のほうがまし[47]」／「イルゼ、あんた何回やられた？」「四回よ、あなたは？」「わかんないわ、私、輜重兵から少佐まで出世しちゃったのよ[48]」／「(ロシアは) へその下の世界ではいずれにせよアダムとイヴの時代のまんまよ。慰めるために夫にもそう言ってやったわ[49]」——を通して現実を笑い飛ばす方法がとられた。しかし、男性の帰還によって女性たちの行動基盤が私的な親密空間に移っていくにつれて、レイプ体験は語られなくなる。「ベルリンのある女」には召集されたために結婚できなかった恋人がいたが、帰還したその彼は、彼女とその仲間がそれまでどおりジョークを語ると「おまえたちは雌犬みたいに恥知らずになった」と詰り、彼女が受けた性暴力を知ると「私が正気を失っているかのように私を見つめ、もう何も言わなくなった」という[50]。

一方、同意を前提としないこの暴力的な性行為は、自らの性的欲望を統御できない非文明的な人間の行為と見なされ、それを犯した国民と国家の野蛮・残虐性を象徴し、その占領が暴力に基づいた同意なき征服であることも意味した。敗北した国民はその犠牲者となることで、敗北と占領の不当性を主張し、それに対してふたたび闘うことが可能になり、勝敗を少なくとも心理的にペンディングすることができる。これが、反共をいわば国是とした西ドイツが東側に対してとった戦略となった。ソ連軍による殺害と略奪、東部地区からのドイツ人の追放、捕虜への強制労働といったドイツ人の「犠牲」のリストに、この集団的レイプも書き加えられたのである。ほんらい女性が受けたレイプ被害は国民全体のものとされ、レトリックの上ではドイツ人全体が共産主義国家によるレイプの「犠牲者」となったのである。そしてレイプの原因はロシア人の「アジア」的な野蛮性に帰せられた。「アジア出身のソ連兵が特別に無節操で、野蛮の点で傑出していたという事実は、アジア的メンタリティの傾向がこの逸脱行為の本質に関わっている」ことを国家的なプロジェクトとして編纂されたドキュメントは確認している。[51] 犠牲者当人にとって性暴力体験が何であったのかは問われず、その個人に対する物質的・精神的な援助は行われないまま、その体験はナショナルに意味づけされて解釈された。

しかし、一九五五年に西ドイツは西側の軍事的一員となるべく「再軍備」を決定し、この国家は男性によって担われる軍隊をもつことになった。国民全体がレイプの受動的犠牲者であるかのようにイメージされる「女性的」国家は「再男性化」[52] されなければならず、能動的犠牲を覚悟する人間像が求められたのである。当時の戦争映画はこの課題のためにも制作されたと言ってよい。「女たちの戦争」を描いた前述の映画『闇夜がゴーテンハーフェンに襲いかかる』(六〇年) では主人公の友人がレイプを目的にして複数のソ連兵から襲われるものの、彼女は銃で抵抗し、一人を射殺した後に、銃撃されて「戦死」している。性暴力犠牲者という受動的犠牲者の物語は、このような能動性をもたなければ成立しなかったといえるが、この物語は歴史的現実からあまりにもかけ離れたものであった。

また、五〇年代の末には「過去の克服」が叫ばれ始め、とくに東方政策によって共産主義国家との対話の道が開かれていくにつれて、自らの犠牲体験を強調する態度は戦争責任を相対化し、隣国との和解を拒否する態度と見なされるようになっていった。こうして、私的な記憶に押しとどめられ、犠牲者本人は私的にも沈黙した終戦前後の性暴力は、公的にも記憶する価値を失っていったのである。[53]

「男たちの男性としての敗北」を確認した前述の女性の日記『ベルリンのある女』の出版をめぐる出来事は、五〇年代末に西ドイツ人がこの歴史的事件に向き合う態度を如実に示している。ソ連兵によるドイツ女性のレイプの様子を自らがその犠牲者である著者が克明に記述したこの日記は、ジャーナリストや作家として活動し、C・W・セラムのペンネームをもつK・マーレクの目に留まった。彼は本人から匿名を条件に出版の許可を取り、編集の手を加えたのちにアメリカで英訳“A Woman in Berlin”を五四年に刊行する。その後、スェーデン語、ノルウェー語、オランダ語、デンマーク語、イタリア語、スペイン語、フランス語、フィンランド語にも翻訳されたこの日記は、日本でも「フロイライン・X」を著者名として英訳からの抄訳『ベルリンの女』として五六年に生活社から出版された。冷戦期の西側世界では共産国の軍隊による性暴力を伝える書物に一定の需要があったのである。ところが、犠牲となった国民からの需要はむしろ低かった。原文のドイツ語版はようやく五九年になってスイスから発行されたが、西ドイツ市民からの評判は悪く、匿名の著者は「ドイツ女の恥さらし」と非難されたのである。(54)

集団的体験となったこの性暴力は、単に性欲を満たすための犯罪行為ではなく、敗北という戦争の結末を示威する象徴的行為であった。しかし、この犠牲は敗北の意味をもっとも生々しく想起させるものであり、家族・ジェンダーという私的なレベルでの戦後秩序の規範に抵触する問題と関わっていた。そのため、被追放と同じように性暴力の犠牲は公的に語られなくなっただけではなく、私的空間でも触れることさえ困難で、記憶が呼び起こされぬようきつく封印されたのである。

第3章

反ナチ抵抗犠牲者の記憶

1 「抵抗」範疇の拡大――エーデルヴァイス海賊団とG・エルザー

これから一九八〇／九〇年代以降において反ナチ抵抗犠牲者の記憶がどのように変容していったのか、具体的に検討してみよう。

まず、「七月二〇日」のクーデター計画の参謀本部であり、シュタウフェンベルクらの処刑の現場に記念碑が建立され、想起の場となった軍最高司令部跡が改築されたことは、反ナチ抵抗運動の記憶が転換したことを象徴的に示している。すでに一九六七年にベルリン市はこの記憶の場を「シュタウフェンベルク通り記念‐教育施設」とすることを決定し、「ドイツ抵抗記念館」としてオープンすることになったが、七九年に「反ナチズム抵抗」展を常設するためにこの施設を拡張することが合意されたのである。その拡張に先立って八〇年には中庭が改造され、抵抗像は台座から降ろされ、碑文が地面に埋め込まれた。[1] 八三年にベルリン市長のR・フォン・ヴァイツゼッカーはドイツ人の抵抗を包括的に記録する常設展の企画を歴史家のP・シュタインバッハらに依頼し、それは八九年に全面オープンすることになる（図表3-1）。シュタインバッハによれば、「抵抗の幅の広さと多様性」を意識的に提示し、「全ドイツ的であるという必要条件をしっかり満たしている記念施設の中核」となることがこの常設展ではめざされた。たしかにそこでは「七月二〇日」の抵抗が重要な位置を占めているが、それまであまり注目されてこなかった三九年以前の反ナチ抵抗運動や、三九年以後のキリスト教徒、社会主義者、自由主義者、共産主義者、ゲットーと強制収容所のユダヤ人、戦争捕虜、強制労働

図表3-1

者、青少年や学生、亡命者などの抵抗にも光が当てられることになった。これらの抵抗をナチズムの全体主義支配の脈絡と日常的な観点のなかでリアリスティックに描出することが、この常設展では重視されたのである。[2]

「抵抗の幅の広さと多様性」が提示されたことの意味を考察するために、この常設展で取り上げられた「エーデルヴァイス海賊団」（図表3-2）について少々詳しく見てみよう。すでに日本でもD・ポイカートや竹中暉雄の研究書[3]などで知られているが、ケルンのプロレタリア地区を中心にして自発的に形成されたこの若者集団は、ヒトラー・ユーゲントに組織された日常に抑圧と退屈を感じ、ハイキングといった自由な余暇形成や画一化されていない服装などにおいてこの公式の青年組織やナチ体制と衝突していくようになる。戦争末期には逃亡した外国人強制労働者や強制収容所囚人、脱走兵、ユダ

図表3-2

ヤ人を匿う活動や、反ナチのビラや落書きの行動も見られるようになった。ケルンでは一部が武装してナチ幹部や警官を襲撃し、死亡させたため、一九四四年に裁判手続きがないままエーレンフェルト駅前で公開絞首刑に処せられている。「エーデルヴァイス海賊団」の一部が関与したこの集団は「エーレンフェルト・グループ」と呼ばれることになる。

　戦後、この集団は「抵抗」組織として評価されることはなかった。ダッハウ強制収容所の付属施設に収容されながらも「エーデルヴァイス海賊団」と接触をもち、三人の友人をその公開絞首刑で失うという体験をもつ一九二七年生まれのF・タイレンは、戦後にこの組織を再建しようとしたが、すでに仲間の多くは死亡し、またナチ残党と見なされて占領軍から厳しく監視されたため、その試みは成功しなかった。しかし彼は「エーデルヴァイス海賊団の終焉の主要な原因」をそこには見ていない。

（その原因は）私たちがつねにさらされた偏見と誹謗だった。ナチスのプロパガンダは効果を失ってはいなかった。私たちは「犯罪者の徒党」として誹謗され、私の友人の多くはこの集団から身を引いた。その幾人かは現在では役人であり、また企業で高い地位を得ている者もいる。この人たちはその経歴のなかでエーデルヴァイス海賊団にいたことを口外することはなかった。この人たちは社会の圧力を恐れ、家族のことを思いやろうとしているので、真実でもって世間に立ち向かうことに不安を感じている。(4)

このように「エーデルヴァイス海賊団」の行動は「抵抗」として認められるどころか、「犯罪」と見なされ、その過去自体が忘却されたのである。(5) 実際に、この組織の行動を「抵抗運動」として承認させることで損害賠償を求めた遺族に対して、西ドイツ当局は一九六〇年に「この団体を抵抗運動と承認することは、ナチズムの現実の敵対者の名誉のためにきっぱりと拒否されなければならない」という通達で答え、六一年の連邦最高裁判所の判決はこれを法的に確認している。この判決では、「抵抗」は「動機と目的設定、成功の見込みの観点で、既存の不法状態の除去のための真摯で、有意味な試み」と定義されたが、たとえその試みが成功しなかったように見えたとしても、法と法意識にとって「妥当で、有効な証明として未来に向けて効力を発揮し、いずれにせよ最終的には不法状態の克服を準備することに決定的に貢献する」ならば、その行為は「抵抗」として認められた。まさにヒトラーを暗殺しようとした「七月二〇日の男たち」の行為がこれに該当するのだという。[6] 換言すれば、抵抗した「既存の不法状態」に代わる新たな社会を構築するという目的が設定されていることが「抵抗」の条件であり、たとえその目的が達成されなくても、その最終的な達成の準備に貢献するものであれば、その行為は「抵抗」と見なされることになった。序章で紹介したヘーゲルの概念を用いるならば、ここで定義された「抵抗」とは、自由や民主主義のような世界史の究極目的（目的《テロス》）を達成することを自覚した行動であるといえよう。そして「七月二〇日の男たち」はその目的に向かって猪突猛進し、悲劇を通してその目的の必然性を具現した「世界史的個人」であるということになる。「男たち」の目的《テロス》は達成されなかったが、それは戦後になって西ドイツで達成されることに貢献し、その目的はいまだ達成されていない東ドイツに向けられることになった。たしかに共産主義者も世界史の目的《テロス》を設定していたが、それはナチズムと同じ全体主義的な目的《テロス》であったと見なされて、共産主義者は「抵抗」者のリストから外された。一方「エーデルヴァイス海賊団」や「エーレンフェルト・グループ」は、そのような目的を自覚せず、また現実にそのような目的をもっていなかったために、「抵抗」の主体として認められることはなかった。公開処刑された「エーレンフェルト・グループ」の行為は、たしかに勇気ある行動として評価されえたが、「既存の不法状態の除去」という目的を達成する見込みのない単なる「個人」の犯罪行動と見なされ、その死に意味が見いだされることは困難であり、この集団が能動的犠牲者として評価されることはなかった。

一九七〇年代に入ってから「エーデルヴァイス海賊団」と「エーレンフェルト・グループ」の評価は徐々に変化していった。[7] 七〇年に公開処刑の場にその事実を知らせる記念板が設置され、「この若者はヒトラーの戦争に反対し、この戦争を終わらせようとした。この若者は、私たちが生きてほしいと願って死んでいった」と碑文を結んでいるが、この後、「エーデルヴァイス海賊団」を抵抗集団として歴史的に評価しようとする市民運動が起こっている。七八年四月にはWDR（西部ドイツ放送局）によって四回連続テレビ・ドキュメンタリー『第三帝国における抵抗——七月二〇日だけではない』が放映されたが、その第三回目では「エーデルヴァイス海賊団」が取り上げられ、処刑されたB・シンクの遺族が発言している。[8] 七九年に『シュピーゲル』誌は「エーレンフェルト・グループ」の犠牲者の殺害から三五年が経った現在でも、彼らが犯罪者と呼ばれていることは「スキャンダル」であると訴えたが、[9] 八四年にその評価は大きな転機を迎える。イスラエルがシンクら「エーデルヴァイス海賊団」の三人を、ユダヤ人を匿い、援助したことを称えて「諸国民のなかの正義の人」の称号を与えたのである。こうして国外から称えられると同時に、国内では「エーレンフェルト・グループ」に関する新たに記念板が現地に設置され、「エーレンフェルト出身の青少年のエーデルヴァイス海賊団および戦争とテロに反対したほかの闘士がゲシュタポと親衛隊によって裁判の判決がないまま公開で処刑された」事実がそこに記されることになった（図表3-3）。また同時にノルトライン・ヴェストファーレン州議会はこの問題に関して研究委託を行ったが、その結果をめぐって激しい論争が展開されることになり、政治家もこの問題と関わらざるをえなくなった。[10] 八〇年代中ごろにシンクにちなんで学校を命名する案が提出されているが、公開処刑が行われたエーレンフェルト駅前の通りは九一年に「バルトロモイス・シンク通り」（図表3-4）に改名することが決議されている。二〇〇四年にはN・フォン・グラソー監督により制作された映画『エーデルヴァイス海賊団』（邦題は『ラストデ

図表3-3

図表3-4

イズ・オブ・サードエンパイア』）が公開されたが、この映画は戦争末期におけるナチスの戦争政策と日常生活の抑圧の脈絡のなかで「エーデルヴァイス海賊団」とエーレンフェルトの出来事を描くことで、この青年組織から犯罪者のレッテルを剝がしている。こうして「エーデルヴァイス海賊団」は第三帝国における抵抗運動として歴史的評価を確立していった。世界史の「正しい」目的《テロス》を追求する行為ではなくても、ナチズムの歴史的犯罪の脈絡のなかに位置づけられることによって、その行為は「抵抗」として認められ、彼らはナチ体制の犠牲者と見なされたのである。

同じことが第一章で取り上げたG・エルザーの評価にも当てはまる。前述したように[11]、終戦まではイギリス諜報部の手先、戦後はナチスの手足と見なされたこのヒトラー暗殺未遂事件の実行者の評価は、一九六〇年代末に彼のゲシュタポによる尋問調書が発見されることで徐々に変化していった。この調書は『シュピーゲル』誌などに紹介され[12]、また学術的に精査された研究論文[13]が公表されることで、この事件がヒトラーとナチズムを憎悪したエルザーの単独行動であることが明らかになったのである。また、この調書に基づいてドキュメンタリー風に事件に至る経緯を描いた『暗殺者』がバイエルン放送局によって六九年に放映され、優れたテレビ番組に与えられるアドルフ・グリメ賞を受賞している。

しかし、ドイツ文学研究者のJ・P・シュターンが「ヒトラーの真の敵対者――彼の道徳的対極[14]」と表現したような抵抗者として評価が確立するのは一九八〇年代以降である。八四年にコール首相は七月二〇日事件四〇周年の演説でエルザーを「単独の抵抗闘士」としてその功績を称えた。また、八九年の改築に伴うベルリンのドイツ抵抗記念館の常設展にはエルザーは「犯罪者」の相貌とは異なる快活な姿（図表3-5、記念館のパンフレット）で展示されている。事件の五〇周年の八九年には映画『ゲオルク・エルザー　ドイツ出身の一人の男（Einer aus Deutschland）』が公開され、記念日などにくり返しドイツのテレビで放映された。映画『暗殺者』は事件の経緯を尋問調書の内容に沿って追うことで、それまでの誤った解釈を正すことも意図されていたが、五〇周年のこの映画ではエルザーが事件を引き起こした心情が描き出されている。

それから四半世紀後の二〇一五年に映画『エルザー――彼は世界を変えていただろう』（邦題『ヒトラー暗殺、13分の誤算』）が制作された。この映画はエルザーが爆薬を仕掛け、爆発後にコンスタンツで拘禁されるところから始まり、その後にゲシュタポによる拷問と尋問のシーンとエルザーが事件を起こすに至った経緯が交互に展開されていく。こうしてここでは――前二作とは異なり――現場に爆弾を仕掛けて暗殺を準備していく過程はほとんど回顧されずに、むしろ市井の一家具職人が暗殺計画を実行するに至った歴史的背景を描くことに力点が置かれている。それは、エルザーの故郷にナチ勢力が台頭していく権力掌握前から、ナチ体制とそのイデオロギーが掌握後に浸透し、反ナチ勢力や親ユダヤ的人物が抑圧・弾圧される一方で、ナチスの戦争準備が着実に進んでいくという時代背景であるが、そのなかで彼はナチ体制に対する憎悪を募らせ、暗殺計画へと至っていく。この憎悪の由来は、政治的・人種的な敵対者（共産主義者とユダヤ人）への迫害に対する人道的な怒り、戦争でドイツが破滅していくことに対する愛国主義的な憂慮、そして彼が帰属していた労働者階層を基盤とする生活世界とナチ体制とのあいだに生じた齟齬にある。たしかにエルザーは共産党員およびその活動と接点を持つが、その関わりは共産党の世界観に基づくイデオロギー的なものではなく、下層民の社会的ミリューのなかで生じたものとして描かれている。こうしてエルザーのヒトラー暗殺の試みは、一個人の良心や正義感に基づいた突発的事件ではなく、歴史的な社会背景を有する歴史的な抵抗運動の一事件として評価されるに至ったといえよう。

一九八九年の『ゲオルク・エルザー　ドイツ出身の一人の男』の最後のシーンでスクリーンに「彼のことを想起させる記念碑はない」とキャプションが映し出されるが、この年の記念日に事件現場跡に記念板が設置された。その後も『エルザー――彼は世界を変えていただろう』（二〇一五年）が上映されるまでのあいだに、彼が育った故郷のケーニッヒスブロンには「ゲオルク・エルザー記念館」

図表3-5

図表3-6

図表3-8

図表3-7

（九八年）と記念碑（一〇年）が、〇九年に拘束地のコンスタンツでも記念碑が設立された。さらにはベルリンでは彼の横顔のシルエットを描く曲線の記念碑（図表3-6）が一一年に建てられ、犯罪者の顔で知られていたエルザーは今やベルリン中心街の通りを明るく照らす役目を担うことになった。ヒトラー暗殺の準備のためにエルザーが滞在したミュンヘンの住居付近の広場は「ゲオルク・エルザー広場」と名づけられ、隣接する建造物に円形の記念碑（図表3-7）が〇九年に設置されたが、この記念碑は「一九三九年八月九日」という暗殺決行の日付が刻まれ、爆発時刻の二一時二〇分になるとネオンサインが灯る仕掛けになっている。また、ミュンヘンに限らず多くの都市の通りや広場が彼の名前をつけられ、生誕一〇〇周年には彼の経歴と「私は戦争を阻止しようとした」という文字が添えられた記念切手（図表3-8）[15]も発行されている。

このようにして、ヒトラーの暗殺を試みたが失敗し、結果として八人のほかの命を奪ったために「犯罪」と見なされたこの暴力は、ナチズムの暴力支配に対する正義の暴力としての評価を確立し、ナチの独裁と戦争の受動的犠牲者に対する救済行動として認められたのである。

2 「七月二〇日の男たち」と「白バラ」の記憶の構造転換

では、「エーデルヴァイス海賊団」やエルザーのように世界史の目的《テロス》を追求せず、それゆえに忘却されていた過去が公的に呼び出されていくに伴って、「七月二〇日の男たち」や「白バラ」は歴史的評価を下げ、忘却されていったのであろうか。まったく逆であった。「七月二〇日事件」の評価はその六〇周年ごろに頂点に達し、その評価は国民的コンセンサスを得たと言ってよい。二〇〇四年二月にはJ・バイヤー監督が制作した劇映画『シュタウフェンベルク』がARD（ドイツ第一テレビ放送）によって放映され、「七月二〇日の男たち」は久方ぶりに劇映画の主役としてスクリーンに登場したのである。また、同年六月にはG・クノップが編集したZDF（ドイツ第二テレビ放送）の番組『将校たちの時』がこの事件をドキュメンタリー風に再現し、両者は高い視聴率を獲得した。また当時、暗殺未遂の現場となり、ポーランド領にある旧総統指令部の「ヴォルフスシャンツェ」は観光名所となり、毎日三〇〇〇人の観光客が訪れている。[16] さらに〇九年にはこの事件は世界的に知られることになる。B・シンガー監督が制作し、トム・クルーズが主演したハリウッド映画『ワルキューレ』（独題は『ヴァルキューレ作戦——シュタウフェンベルクの暗殺計画』）が〇八年にアメリカで封切られ、翌年に全世界で公開されたからである。

「白バラ」もまた——しかも「七月二〇日の男たち」よりも早く——再評価されていった。一九八〇年には市民的自由と責任意識に貢献した書籍に授与される出版賞が「ショル兄妹賞」と命名され、また青少年向けの評伝『ゾフィー・ショルの短い生涯』[17]が出版されて、反響を呼び起こしている。八二年にはインゲ・ショルの手記『白バラ』の拡大版が刊行されているが、同年にゾフィー・ショルを主役にした二つの映画が公開されている。[18] M・フェアヘーフェン監督の『白バラ』（邦題は『白バラは死なず』）とP・アドロン監督の『最期の五日間』であり、とくに前者のヒットの波に乗ってインゲ・ショルの『白バラ』もベスト・セラーのランクに入った。[19] こうして「白バラ」はプリント・メディアと映像メディアの両者を通して表象されることになった。さらに〇五年に公開されたM・ロー

図表3-9

テムント監督の『ゾフィー・ショル――最期の日々』（邦題『白バラの祈り――ゾフィー・ショル、最期の日々』）はアカデミー賞にノミネートされるなど高い評価を受けることになる。

一九八八年には「白バラ」のビラや手紙、写真などをコピーした陶器板をミュンヘン大学本館前の敷石に散りばめてはめ込むという記念碑（図表3-9）が造られ、九六年にはミュンヘンの第一次世界大戦の無名戦士の記念碑の同じ敷地内に「白バラ」のビラの文字が刻まれた黒い石碑（図表3-10）が建てられ、〇五年にはミュンヘン大学講堂内にゾフィーの胸像（図表3-11）が据えられた。このようにゾフィーがこの抵抗運動の中心として記憶されているが、九九年一二月に女性誌『ブリギッテ』の読者を対象に行われた「二〇世紀の女性」を選出する調査によれば、ゾフィー・ショル（二五・七パーセント）はローザ・ルクセンブルク（一七・六パー

図表3-11

図表3-10

セント）やマリー・キュリー（一七・五パーセント）を大きく引き離してトップの地位を占めている。[20] そして二〇〇三年の六〇回忌にゾフィー・ショルはヴァルハラに殿堂入りした。[21] ヴァルハラとはバイエルン国王のルートヴィヒ一世が一八四二年に国民的な偉人と英雄を称えるための礼拝堂として建立したギリシャ神殿風の建造物であり、そこには当時約一〇〇の胸像が立ち並んだが、いまやゾフィー・ショルはルターやゲーテ、バッハ、ベートーベンらと文字どおり肩を並べる「聖人」となったのである。（図表3-12[22]）そして二〇二一年の生誕一〇〇年には記念切手と同時に記念銀貨（図表3-13[23]）も造られた。

「七月二〇日の男たち」と「白バラ」の評価は高まっただけではなく、その内容と表象にも変化が生じていることを私たちは見逃してはならないであろう。すでに指摘したように、一九

図表3-12

図表3-13

五五年に同時に制作された『七月二〇日』と『七月二〇日に起こったこと』には内容上の相違がある。たとえば、『七月二〇日』が事件に至る経緯にも目を向け、ナチス期の抵抗運動が幅の広い階層と政治的潮流によって担われていたことを示していたのに対して、『七月二〇日に起こったこと』では映画の大部分が事件当日の描写にあてがわれている。さらにその冒頭では、連合軍の空爆に対して地上から砲撃するドイツ国防軍や、空襲によって燃え落ちていく建造物の実写映像が流されており、こうしてドイツの敗戦へと向かう戦況とそれに伴ってドイツ人が陥った苦境が「七月二〇日の男たち」を行動に駆り立てた背景であることが示唆されている。一方『七月二〇日』では、ドイツ人の困窮だけではなく、ユダヤ人検挙の現場や大量殺戮の目撃証言も登場している。このようにいくつか視点や描写の相違は見られるが、ヒトラー暗殺という英雄行為と銃殺という悲劇的終焉の二つのハイライトを据えた事件史的な物語という点で両者は共通している。また『七月二〇日』も「そして戦争は続いた……。諸都市は廃墟と化した。一九四四年七月二〇日以後にそれ以前のほぼ五年間よりも多くの人命が前線と故郷で失われた。この血に飢えた無意味な絶滅行為をドイツの抵抗闘士は食い止めようとしたのである」という文字がスクリーンに映し出されて締めくくられているように、両者はともに、ヒトラーによって道徳的な意味でも破滅の淵に追いやられたドイツの解放と救済を首謀者の動機に求めている。たしかに『七月二〇日』ではユダヤ人殺害も蜂起の背景として暗示されているが、殺害そのものというよりも、むしろその事実によって受けたドイツ人の恥辱感情が「男たち」を行動に駆り立てた動機として語られている。七一年のドキュメンタリー番組『ヴァルキューレ作戦』も以上の点では共通している。

ところが二〇〇八年にアメリカのテレビ局によってリリースされたドキュメンタリー番組『ヴァルキューレ作戦――シュタウフェンベルクのヒトラー殺害の陰謀』は、それとは構造的に大きく異なっている。この番組は基本的に実写映像を用い、映像が残されていない歴史的事実は俳優による演出とアニメーションによって再現されているが、番組の半分以上が蜂起に至った歴史的背景に費やされ、その背景としてホロコーストが詳しく説明されているのである。つまり、ホロコーストを含む第三帝国の構造的問題が「男たち」の行動をもたらした背景として語られ、その脈絡のなかに「七月二〇日」は位置づけられているのである。同様のことは〇三年の劇映画『シュタウフェンベルク』でも指摘できる。冒頭にドイツの空襲被害の実写映像を流した『七月二〇日に起こったこと』とは異なり、この映画の冒頭ではドイツ軍の進撃によって破壊されるポーランドの農村の姿がまず映し出される。

次のシーンでシュタウフェンベルクはポーランド人とユダヤ人に対するあからさまな差別感情を吐露した手紙を東部戦線から妻に送り、ドイツのポーランド侵攻を彼が肯定し、人種的偏見によって正当化していたことが示される。ところがその後彼は、ユダヤ人の大量虐殺を目撃したポーランド女性からその実態を聞くことになり、それをきっかけにヒトラーに誓った忠誠を破棄する決意を固めていくのである。こうして「七月二〇日」は、戦争末期の状態におけるドイツ人の困窮というよりも、むしろホロコーストを含む第三帝国の戦争・人種政策の脈絡のなかで物語られていく。つまりこの映画は、ドイツ人の生命と名誉の救済といったナショナルな観点から距離をとり、この事件をホロコーストという普遍的なテーマと付き合わせ、このような普遍的な観点からふたたび、ドイツ人としてのシュタウフェンベルクとドイツの歴史としての「七月二〇日事件」に光を当てているのである。

同じことは「白バラ」にもいえる。まず一九八二年に二つの映画によって「白バラ」は映像化され、映像媒体によってこの運動が広く知られるようになった。まずアドロン監督の『最期の五日間』は、逮捕から処刑までのゾフィー・ショルの五日間を扱い、独房で相部屋となった女性との会話のなかで抵抗を行った彼女の内面が語られている。一方、フェアヘーフェン監督の『白バラ』は、ゾフィー・ショルが大学生活を送るためにミュンヘンで兄のハンスと生活をはじめ、やがて兄の「白バラ」活動に積極的に関わるが、ミュンヘン大学で逮捕され、処刑されるまでの過程を描いている。[24]この映画は、たしかにゾフィー・ショルを中心に展開されているが、「白バラ」抵抗運動の全貌を理解できる啓蒙的性格をもち、多くの観客を動員することに成功した。『ツァイト』紙は「ナチズムと抵抗のテーマは古臭い」と思われていたという理由でこのヒットに驚いているが、[25]『白バラ』はむしろ転換期の作品として評価されるべきであろう。すなわち、この映画では「白バラ」がポスト・ナチ時代の社会構想を抱いていたことが強調されると同時に、ショル兄妹の死を恐れぬ大胆な英雄行動が描出され、とくにゾフィー・ショルは裁判でも抵抗の気概を沈めることなく、処刑の場面でも凛々しくギロチンに向かうヒロインとして映し出されている。しかし一方で、手記の『白バラ』とそこに収められた「ビラ」においては周辺的にしか語られていなかったユダヤ人の大量虐殺は、映画『白バラ』では行動の動機の一つとして頻繁に語られ、また出征したハンス・ショルらが無抵抗の捕虜の虐殺を目撃し、抵抗の意志を固くしていくシーンも現れる。こうして「白バラ」も、戦争末期の状態において道徳的にも瀕死に陥ったドイツ人の困窮というよりも、むしろホロコーストを含む第三帝国の戦争・人種政策という脈絡のなかで物語られるようになっている。『白バラ』は『ツァイト』紙が「古臭い」と感じたテーマをこの新しい脈絡のなかで扱うことで、多くの観客を動員できたといえよう。一方、二〇〇五年の『ゾフィー・ショル——最期の日々』では、二〇年前の『最期の五日間』が扱ったテーマがふたたび取り上げられ、逮捕から処刑までのゾフィー・ショルに焦点が当てられている。そこで描かれているのは、ゲシュタポの取調官にホロコーストを含むナチスの全体主義・人種主義体制の問題を次々に論じたて、減刑の誘惑にも信念を曲げることなく毅然とした態度をとる一方で、独房では相部屋の女性にこらえていた感情を伝え、涙を見せる抵抗闘士の「等身大」の姿である。

3 英雄から救済者へ

こうして「七月二〇日の男たち」も「白バラ」も、「エーデルヴァイス海賊団」も歴史的評価を受ける条件として、世界史の目的《テロス》を達成しようとして破滅する悲劇的な英雄である必要はなくなった。むしろこの抵抗者の使命は、ヒトラーの世界史的な目的《テロス》の実現を阻止し、それによってこの目的のために踏みつぶされる「無辜の花々」を救済することに求められている。だから、この「男たち」が理想とした社会が保守反動的なものであったという史実はもはや重要ではなく、それゆえに「七月二〇日事件」の評価は国民的コンセンサスを獲得できるようになったといえよう。そして抵抗者は、「男たち」のように世界史の目的《テロス》を達成できる規律化された身体をもつことも、その身体が銃殺といったやり方でヒロイックに破滅することも必要ない。「白バラ」および「エーデルヴァイス海賊団」で表象された身体は若き女性とプロレタリアートの身体であり、その身体は犯罪者に与えられる断頭刀と首綱によって破滅している。第1章で述べたように、一九四四年七月二〇日にクーデターに企てた首謀者のL・ベックは、彼に銃殺刑を伝えた元部下のF・フロムに軍人としての死を求めてピストルを要求し、認められて自殺を試みたが、二度とも失敗したため、フロムがとどめを刺すように部下に命令している。しかし、この史実は五五年の映画『七月二〇日』と『七月二〇日に起こったこと』では無視され、ベックはヒロイックな「名誉」ある死を遂げたかのように描写されたが、一方で〇三年の映画『シュタウフェンベルク』ではその史実はほぼ忠実に再現されている（図表3-14）。このように、

図表3-14

当時は許容できなかった死の描写が五〇年後に可能になったことも、抵抗者のモデルの変化を明らかにしているといえるだろう。

この新しい抵抗者のモデルの形成において、一九九三年の映画『シンドラーのリスト』が果たした役割は大きいように思われる。ホロコーストを「リアル」に再現したことで衝撃を与えたこの映画は、同時に新しいタイプの抵抗者を主役に据えていたからである。ユダヤ人救済者である主役のシンドラーは、世界史の目的《テロス》を抱いてユダヤ人を救済したわけでもなければ、その目的を達するような規律化された身体や道徳心も、身を犠牲にするような共同体も持ち合わせていたわけでもない。彼は安価な労働力としてユダヤ人収容者に目を付け、戦争で一儲けしようとして、袖の下を多用したナチ党員の戦争受益者であるだけではなく、私利私欲を追及する道楽者で、好色家でもあった。それにもかかわらずシンドラーは最終的にユダヤ人救済のために全財産を棒に振る利他的行動をとったのか、この映画は明確に説明することを避けている。この問題を考えるうえで『シンドラーのリスト』を「ギャンブラー映画」、すなわち「恣意と偶然に関する映画」として解釈したH・ローウィの議論は興味深い。ギャンブラーは最終的に賭け事ですべてを喪失し、そうすることで浄化され、人間らしさを取り戻す世界に生きているが、シンドラーも戦争とユダヤ人活用のギャンブルで大儲けをしたのち、賭博台を代えて無一文となる運命を選んだ。こうして「英雄が救済者になったのではなく、意図せずして救済者になった者が最終的に英雄となった」のだという。[26] シンドラーは必然性のなかで生きることを拒否し、駆け引きしながら偶然性に賭けて生活を享受するタイプの人間である。このタイプの人間は英雄になるべくしてなるのではなく、状況のなかでたまたま英雄になっていく。その意味でシンドラーはまさに――拙著『ホロコーストと戦後ドイツ』で使用した概念[27]を用いるならば――ポスト・フォーディズム時代の新たなヒーローであるといえる。

スピルバーグが生み出したこの新しいヒーローに対して、トム・クルーズが演じた『ワルキューレ』のシュタウフェンベルクはじつに陳腐であった。この映画の計画がドイツに伝わったときに、アカデミー賞受賞作品『善き人のためのソナタ』の監督のF・H・フォン・ドナースマルクは、ハリウッドのスーパースターがドイツの抵抗闘士を演じることで「一〇回のサッカー・ワールドカップがなしうるよりもドイツの威信を促す」ことを期待したが、[28] シュタウフェンベルクをトム・クルーズが演じることに異議を唱える声は映画の完成前にすでに多く寄せられていた。彼が所属する宗教団体の反社会的な性格がおもな理由であったが、そのため「七月二〇日」の舞台となったシュタウフェンベルク通りの建造物で撮影する許可はいったん控えられた。[29] そして公開後の映画の評判も冴えなかった。『ホロコースト』や『シンドラーのリスト』がドイツ社会に与えたようなインパクトをこの映画はまったくもたず、『シュピーゲル』誌は「ナチズムとホロコーストをエキサイティングな娯楽のための単なる舞台装置にした多くのアメリカ映画の一つ」であると酷評している。[30] その最大の原因は、この映画がホロコーストを背景として強調せず、国民を解放・救済する五〇年代の英雄タイプとしてシュタウフェンベルクを描いていたことにあろう。

ドイツ市民の関心はすでに「シンドラー」型のヒーローに移っていたことは、世紀末に行われたH・ヴェルツァーらの家族のなかでのナチズムのテーマに関する調査[31]が明らかにしている。『シンドラーのリスト』以後に親衛隊監視人のA・ツュンドラーや石油会社社長のB・バイツといったユダヤ人を救済した人物がメディア上で注目されたことは拙著ですでに指摘した[32]が、ナチ党員の戦争受益者であったシンドラーも含めて、これらの人物はナチス体制に敵対していたからではなく、むしろその体制の中枢を担っていたゆえにユダヤ人を救済することができた[33]。したがって、「シンドラー」型のヒーローが歴史的に評価を受けていくにしたがって、ナチ党員やナチ幹部であることは同時に犯罪者であることを意味せず、救済者でもありうることになったのである。しかも政府転覆のような「不法状態の克服」を目的とする試みだけが抵抗と見なされず、「エーデルヴァイス海賊団」のような組織も歴史的な承認をえていくにしたがって、ユダヤ人とのちょっとした接触や援助が当時の規範を破る勇敢な「抵抗」の行為として解釈されるようになっていった。こうして、かつては犯罪者として六八年世代から糾弾された体験世代の行動は、いまや異なる視点から語られているとヴェルツァーらの研究は指摘している。

そのような変化を示す二つの事例を挙げておこう。ベルリンのローゼンタール通りには、ナチズムの支配下でドイツ人小工場主の保護の下で主に視覚・聴覚障害のユダヤ人が働いていたことを記念する常設展示会を組織していた。この展示は、市民団体やJ・ラオ大統領らの働きかけによってその内容が拡充され、〇八年に「静かな英雄たち」記念館[34]（図表3-15）として新たに設立され、身の危険も顧みずに隠れ家や食料などを提供するなどしてユダヤ人を救済した人びとの活動が記憶されることになった。その後も展示内容を拡充することが試みられたが、空間的に限界に達していることが自覚され、一八年からこの記念所は「ドイツ抵抗記念館」のあるシュタウフェンベルク通りに移設された[35]。こうして「静かな英雄たち」の展示（図表3-16）は拡充されただけではなく、「ドイツ抵抗記念館」は実質的に、ヒトラー暗殺・クーデター事件の本部となった建造物の三階が抵抗運動を、四階が

図表3-15

図表3-16

ユダヤ人救済行動を記憶するための施設として再構成されることになった。

また、二〇一七年にはC・レフレ監督によって映画『見えない人びと――私たちは死ぬつもりなんかない』(邦題『ヒトラーを欺いた黄色い星』)が公開された。この映画はベルリンで潜伏することで生き延びることができたユダヤ人の物語であり、生き延びた実在の人物が実体験を語りながら、当時のドラマが展開されていくといったドキュメンタリー的な要素をもつ。『シンドラーのリスト』がドイツで上映されると、『ツァイト』紙は、ベルリンで終戦を迎えたユダヤ人が一四〇〇人おり、その数字からユダヤ人の潜伏を援助した五万から八万人というドイツ人救済者の数を割り出した研究を紹介したが[36]、この映画は――その数字を信じるとすれば――けっして希少な存在とはいえない「静かな英雄たち」も描き出したといえよう。そこでは、生存ユダヤ人の口からこのドイツ人たちへの感謝の気持ちが述べられている。

第4章

追放の記憶

1 よみがえる記憶とその政治化

記憶の復活

第2章の1で述べたように、被追放者は過去の故郷に固執することなく、新しい故郷に未来を見出し、「犠牲者」としての記憶を抑圧することを求められた。とりわけ社会民主党と自由民主党の連合政権が東方外交を展開し、一九七〇年のワルシャワ条約によって被追放者の多くの故郷をポーランド領土としたオーデル・ナイセ国境線が承認されて以来、旧東方領土は「被追放者」自身の多くにとってもすでに過去のものとして理解されていた。この空間は「昨日のドイツ」の想像の共同体には属していたとしても、「今日と明日のドイツ」の想像の領域からは次第に消えていったのである。[1] 追放の記憶にこだわる者は近隣諸国との和解を阻害する「平和攪乱者」と見なされ、旧東部領土に固執する政治勢力は保守反動、あるいは極右のレッテルを張られるようになった。[2] 統一を前にしてコール首相が最終的に東部国境線を承認したときに、この国境線以東から一〇〇〇万人以上のドイツ人が追放され、その途上で数十万人以上の命が失われたという事実も最終的に過去のものとなったように思われた。

ところが、その記憶は世紀転換期になって幽鬼のように公的によみがえってきた。[3] たしかにドイツ統一以前にもドイツ人の東方からの追放の事実を歴史的に見つめ直そうとする試みは存在した。たとえばＺＤＦ（ドイツ第二テレビ放送）は一九八五年にドキュメンタリー番組『ドイツの戦後の奇跡――被追放者の苦難と業績』を放映しており、八六年にはゲッティンゲンで三日間にわたりシンポジウム『西ドイツ戦後史における避難民と被追放者の役割について』[4]が開催されている。しかしそのような動向に決定的な影響を与えたのは冷戦後に起きたユーゴ紛争であった。とくにこの紛争で展開された「民族浄化」とそれに伴って生じた大量の難民の様子を伝える映像は、故郷を追われたドイツ人の五〇年前の記憶を呼びさまし、二〇世紀が追放と難民の世紀であったことを再認識させたからである。そして、一九六〇年以後のドイツの社会と国家がこの歴史的体験を公的に記憶することを忌避し、正当に扱うことを回避してきた歴史的責任も問われるようになった。たとえば、『フランクフルト一般新聞』の編集局員であるＲ・ミュラーは九八年にこの歴史的体験の無視と忘却を「第二の追放」と名づけ、ドイツ人の避難と追放に注目が向けられていたならば、旧ユーゴで「民族浄化」の現象がこのような規模で起こることはなかったであろうという国連人権高等弁務官、Ｊ・アヤラ・ラッソの発言を引用している。[5]また、同紙において歴史家のＨ・アモンは、六〇年以後にドイツの現代史研究者がドイツ人の追放の歴史に関心を抱かなかったことを非難して、忘却されたこの歴史を「(歴史家）同業者の継子」と呼び、[6]その一〇年後に歴史家のＭ・キッテルは、この歴史に関心を抱かなかった六〇年以後の西ドイツの記憶文化を「被追放者の追放」として総括する著作を書き上げている。[7]

こうした意識の変化のなかで二〇〇一年にＡＲＤ（ドイツ第一テレビ放送）は『被追放者――ヒトラーの最後の犠牲者』、ＺＤＦは『大避難――被追放者の運命』のドキュメンタリー番組を相次いで放映した。また、ボンの「ドイツ連邦共和国歴史館」(一九九四年にオープン)は〇五年一二月から〇六年四月にかけて展示会「避難－追放－統合」を開催し、それは〇六年五月からベルリンの「ドイツ歴史博物館」で、一二月からはライプツィヒの「現代史フォーラム」でも開かれている。[8] そして、左翼として位置づけられてきたノーベル賞作家のG・グラスが、避難民であふれていたヴィルヘルム・グストロフ号がソ連潜水艦によって撃沈され、九〇〇〇人以上が死亡した事件を題材にした小説『カニの横歩き』を〇二年に公表したことは、ドイツ社会に衝撃を与えた。さらに歴史家のA・コッサートが〇八年に『冷たい故郷』というタブー破りを意識したタイトルの研究書を上梓している。このなかで被追放者が受けた地元民社会からの嫌悪感と差別行為、政治、政党、教会、メディアなどによる冷遇と問題集団(復讐主義者、極右主義者)扱い、歴史と記憶からの忘却などが詳述され、能動的犠牲者として称賛された被追放者が、戦後西ドイツ国家・社会の受動的犠牲者でもあった過去が明らかにされたのである。[9]

こうした時勢の波に政治家も乗った。旧ズデーテンからの被追放者と関係の深いバイエルン州では、一九九八年にE・シュトイバー内閣(キリスト教社会同盟)がニュルンベルク市内に被追放者のための記念碑を建立することを決議し、社会民主党と緑の党の反対を押し切って、被追放者記念碑(図表4-1)を翌年一一月に実現させたのである。[10] ナチ党大会、反ユダヤ主義立法、国際軍事裁判で知られる都市に建てられたこの記念碑は五メートルの高さの銅製の門で造形され、数メートル離れた路上には東西プロイセンやシュレージェンのような追放された場所の名前が刻まれたプレートが埋め込まれた。そして、記念碑の内側には次のような碑文が刻まれている。

強制移住、避難、追放を忘却しないために、故郷と故人を追想するために、バイエルンの復興への尽力に感謝するために、ドイツ人の被追放者に捧げる。

ここでは受動（被追放）と能動（復興）の二重の犠牲という旧来の想起のあり方が踏襲されているといえよう。しかし、この記念碑が実現された背景として、徒歩五分ほどの場所にすでに建立されていたもう一つの記念碑の存在を忘れてはならない。それは、第三帝国で引き起こされ、現在でも世界で日々生じている人権侵害に対する警告碑として一九九三年に建立された「人権通り」（図表4-2）[11]である。この記念碑は、高さ八メートル×幅一六メートルの門が入り口となって、そこから長さ一七〇メートルの通りに高さ八メートルの二七本の円柱、一

図表4-1

図表4-2

図表4-3

本のオークの木が一列に立ち並び、路上に二枚のプレートが設置されている。そのそれぞれには四八年に国連総会で採択された世界人権宣言の全三〇条が一条ずつドイツ語と三〇の言語（イディッシュ語を含むヨーロッパ諸国の言語からアラビア語、ヘブライ語、クメール語、ズールー語、チベット語、中国語、日本語［図表4-3］まで）で併記されている。[12] その落成式の機会に「ニュルンベルク国際人権賞」が設立され、二年後から隔年で授賞式が開催されている。この記念碑は、ホロコーストという史上最悪の人権侵害の歴史と深い関わりのある都市に建つことを特別に意識して企画され、時と場所を超えて引き起こされ続けている人権侵害を訴えることを目的としている。こうして、過去に最悪の人権侵害を犯した国民が人権理念を普遍的なものとして唱える記念碑が建立されたのである。それまで、ドイツ人が犠牲者となった追放を歴史的犯罪として訴えることは、とくに戦後初期に何度もくり返されてきたものの、ナショナリスティックな復讐行為やナチズムの犯罪の歴史的相対化として政治的に危険視されるようになった。しかしこのように普遍妥当性をもつ人権理念が持ち出されることで、ドイツ人の追放もホロコーストと同じように人権侵害として見なしうることになり、これは被追放者の記念碑を建立することを困難にしていたハードルが下げられたことを意味する。企画者がこのことをどこまで意識していたのか断言できないが、この記念碑の建立が大きな反対運動なしにニュルンベルク市民から同意された理由の一つがそこにあることは確かである。

「反追放センター」の試み

政治にまで及んだ被追放の想起の現象をもっとも敏感に感じ取り、しかもこの想起を人権やホロコーストと関わらせる戦術を駆使しながら精力的に行動に移した政治家がE・シュタインバッハである。彼女は一九四三年にドイツ軍の占領によってふたたび西プロイセンに編入されたダンツィヒ近郊の小都市に生まれており、母親がヴィルヘルム・グストロフ号の切符を取り損ねたために生きてバルト海を通過することができた避難民の一人である。そのような体験を背景にして彼女はキリスト教民主同盟の連邦議会議員として九八年に「被追放者連盟」の議長に就任している。この団体はドイツ内外の追放の歴史をドキュメントするためのセンターとして「反追放センター」[13]をベルリンに設立することを決定したが、シュタインバッハは社会民主党議員団のP・グロッツとともに、そこで中心的な役割を果たし、二〇〇〇年に創設された「反追放センター財団」の会長に就任した。「ユダヤ人のテーマと被追放者のテーマは相互に補い合う。人間性を失ったこのどちらの人種妄想も私たちのセンターのテーマであるべきだ」という理念に基づいて、彼女はこのセンターを「ホロコースト警告碑を補足する記念碑」として設立することをめざし、そのモデルを九三年に開館したワシントンの「ホロコースト記念博物館」に求めたのである。そのためこのセンターがベルリンを拠点とすることは彼女にとって必須の条件であった。

ドイツ人の追放の歴史をホロコーストと同じレベルで扱う彼女の発想は、ホロコーストを歴史的に相対化しようとする意図として多くの人びとから受け取られた。たとえば当時のJ・フィッシャー外相は、「反追放」のテーマを国民的プロジェクトとして立ち上げれば、加害者と犠牲者の転倒という歴史の書き換えになるという疑念が生じかねないと、このプロジェクトを批判している。彼にとって追放は「ドイツ人の自己破壊の過程」のものとして理解されなければならなかった。[14] シュレーダー首相もこの構想に反対を表明したが、[15] 何よりもポーランド側がこのプロジェクトに懸念を抱き、この問題に関して両国民間に著しい温度差があることが明らかになった。両国の新聞社が二〇〇三年に行った共同世論調査によれば、ドイツ人の圧倒的多数が第二次世界大戦はドイツ人に犠牲を強いた（九三・八パーセント）と認識し、その犠牲者は追悼されるべきである（八二・三パーセント）と考え、同情に値する（七六・二パーセント）と感じているのに対して、ポーランド人の五七パーセントは、ドイツ人の罪と苦難を天秤にかけるならば、ドイツ人を戦争の犠牲者として認めることはできないと答えている。しかもポーランド人の多くは「反追放センター」をめぐる動きから、戦争責任問題に嫌気が差しているというドイツ人の心理を読み取っており、そのためにドイツ人も戦争の犠牲者であると見なすポーランド人の割合も減少しているのだという。[16] ポーランドではこのセンターは「反和解センター」の別称をつけられた。そのため、このプロジェクトをヨーロッパ的なものに意味づけようとして社会民主党の連邦議員であるM・メッケルはこのセンターを旧シュレージェンに存在したポーランドの都市ブロツワフ（ブレスラウ）に設立することを提案しており、歴史家のH・U・ヴェーラーもそれに同意している。[17]

シュタインバッハが中心となって「被追放者連盟」によって二〇〇六年に実現された展示会「強いられた道」展[18]は、以上のような批判と提案を明確に意識した内容になっている。たしかに大戦末期から終戦にかけて一二〇〇万人ものドイツ人が東部から追放されたことは「ヨーロッパ史における最大の強制移住」として大きく取り上げられているが、全体の展示のなかで特別視されているわけではない。「二〇世紀のヨーロッパにおける避難と追放」という副題をもつこの展示会は、二〇世紀全般にわたる追放とジェノサイドの歴史――オスマン・トルコ帝国の崩壊とアルメニア人の大虐殺からギリシャ人とトルコ人の住民交換、独ソ協定と第二次世界大戦による東欧諸民族やドイツ系住民の追放や住民移動、ユーゴスラヴィアからのイタリア系住民の追放、キプロス島の分割と住民移動、世紀末のユーゴ民族紛争まで――が網羅的に展示されているのである。ナチス・ドイツによるユダヤ人の追放と絶滅の政策もその歴史のなかに位置づけられ、とくにドイツとソ連の独裁政権によってポーランドやウクライナの民族が被った追放と殺戮の歴史も、さらにはこの民族が加害者の側に転じてしまった歴史も詳細に説明されている。

「反追放センター」の試みに批判的な論調の多かった『ツァイト』紙がこの展示会に「苦難の対等

性〔19〕」、「ドイツ史の負担を軽減し、ポーランドとの関係を困難にしている」〔20〕といった評価を下している一方で、『フランクフルト一般新聞』は好意的な論評を寄せている。たとえば二〇〇六年八月八日付の記事によれば、それまで「反追放センター」構想をめぐって喧々諤々の論争がくり広げられたが、同時期にベルリンで開かれていた「避難‐追放‐統合」展のようにヨーロッパの視点から追放の歴史を追求したこの展示会は、「反追放センター」の反対者の声を静かにしてしまったとのだという。〔21〕同紙の編集局員であるK‐P・シュヴァルツは、「ヨーロッパで多くの国家によって異なる時代に多くの民族を犠牲にして行われてきた国家犯罪」として追放を示したこの展示会によって、ドイツ人の追放を「ドイツ人の自己破壊の過程」に帰したフィッシャー外相の「決まり文句がいかに内容のないものであるのか」を明らかにしたと断言している。〔22〕なぜだろうか。「ヨーロッパの視点」とは何を意味するのであろうか。

「強いられた道」の展示は、国民国家が空間的な均質性をもつべきことを前提としておらず、むしろそのような均質化を追求したことが民族的マイノリティの追放とジェノサイドの根本原因になったことに主眼を置いている。その意味でヨーロッパの国民国家の原理そのもの、あるいはフーコーのいう「住民＝人口」を対象にした「生政治」がここでは批判的に問題にされているのである。そのような観点をとることによって、トルコ人によるアルメニア人虐殺も、ギリシャ人とトルコ人の住民交換による相互の故郷喪失も、ドイツ人によるユダヤ人の国外追放と強制収容所における大量虐殺も、ドイツとソ連によるポーランド人の追放と強制移住の悲劇も、第二次世界大戦末期と終戦直後のドイツ人の東部からの追放とそれに伴う数百万人の死亡の惨劇も、ユーゴの民族紛争も、国民国家の原理と生政治を追求する国家によって引き起こされた犠牲の歴史として解釈されている。したがってホロコーストも、ドイツ人の追放も、「ドイツ人の自己破壊の過程」ではなく、ヨーロッパ的な国民国家の現象と理解される。ヘーゲルの概念を用いるならば、二〇世紀におけるヨーロッパの被追放者たちは、ホロコーストの犠牲者と同じように、国民国家体制の形成という世界史の過程のなかで踏みつぶされた「無辜の花々」ということになる。このような論理に従うなら、ドイツ人が「追放」の犠牲者として認められるために、ドイツ人がユダヤ人の追放と殺戮の加害者であることも認めざるをえないから、この展示はホロコーストの歴史的責任を否定するタイプの歴史修正主義とは一線を画していることになる。しかし、すべての国民国家が「追放」の犯罪を行いえるのだから、すべての国民が加害者になりうるし、同時にすべての国民がその犠牲者にもなりうる。このことをシュタインバッハ自身はこの展示会の開会の挨拶で次のように語っている。

少なからぬ国民が追放の脈絡において、時間をずらして、あるいは同時に犠牲者であると同時に加害者でもあります。ヨーロッパの三〇以上の民族はこの期間に全体として、あるいは部分的に故郷を失っているのです。[23]

ところがシュタインバッハは、国民国家の原理そのものを否定することによって国民そのものを脱構築するという選択肢をとることはない。むしろ彼女は犠牲者としての国民に自己同一化し、犠牲者を通して国民を表象＝代表することで、新たに国民を構築しようとする戦術を展開しているのである。一九九九年の「犠牲者と加害者」と題する論文のなかで彼女は次のように記している。

被追放者はほかのドイツ人を代表してその運命を被った。／国防軍兵士はすべてのドイツ人を代表してその生命を賭け、捧げた。／空襲の夜の死者はすべての人びとを代表して死んだ。／そして強制収容所の犠牲者ですべてのドイツ人の名誉と尊厳が大きく損なわれ、深く傷ついた。／国家はその政府によって加害者になる。しかしたいていの場合にその国家の人間は何百万倍もの犠牲者になる。／このことはドイツ人にも当てはまる。(24)

避難―追放―和解財団と記録センター(25)

「反追放センター」はその実現に批判的な態度を示した社会民主党と緑の党の連合政権下という不利な条件のもとで試みられたが、二〇〇五年九月の連邦議会選挙で被追放者連盟の要求を選挙公約に組み入れていたキリスト教民主・社会同盟が社会民主党と一パーセントの僅差の得票率で第一党となったことで、その試みは大きな節目を迎えた。同盟は社会民主党と連立政権を樹立し、こうして第一次メルケル政権が誕生することになったが、同年一一月に成立した両党の連立政権協定のなかで、「和解の精神で追放の不正を記憶し、追放を永遠に弾劾するための可視的な合図・問題提起（Zeichen）」をベルリンにおいて行うことが決定されたのである。

この決定を実現させるために、連邦政府は二〇〇八年三月に「避難―追放―和解財団」を組織することを決定し、同年一二月に連邦議会でこの財団の設立のための法律が与党と自由民主党の賛成（緑の党は棄権、左翼党は反対）で可決され、同月にこの財団が成立することになった。この法律[26]によれば、避難－追放－和解財団の目的は「第二次世界大戦とナチスの拡張－絶滅政策およびその結果という歴史的脈絡のなかで、二〇世紀の避難と追放を記憶・想起することを和解の精神に基づいて活性化すること」にあり、その目的を具体化するための実施項目として「二〇世紀における避難と追放、その歴史的な背景や相互連関、そのヨーロッパ的な次元と結果に関する常設展の設立・運営・展開」「このテーマ全体に関わる特別な側面に焦点を当てた特別展の設立」「研究結果と科学的認識の仲介」「とくに証言報告も含んだ関連する資料の収集・記録・科学的評価判定」「ドイツ国内と国外の博物館と研究機関との協力」が挙げられている。

避難－追放－和解財団は「財団理事会」と「専門的顧問委員会」から構成され、それを統轄する役職として財団長が設けられた。財団理事会は当初一三名から構成されたが、二〇一〇年の法改正でその数はドイツ連邦議会から四名、外務省、連邦内務・国土省、連邦政府の文化・メディア全権委員からそれぞれ一名、被追放者連盟から六名、ドイツ・カトリック教会、ドイツ・プロテスタント教会、ドイツ・ユダヤ人評議会からそれぞれ二名、「ドイツ歴史博物館」財団と「ドイツ連邦共和国歴史館」財団の代表の総数二一名に拡大した。同時に専門的顧問委員の数も九名から一五名に増やされた。

初代の財団長は、被追放者の存在が戦後世界で忘却されたことを訴える『被追放者の追放』の著者として知られる保守的な歴史家のM・キッテルが就任したが、財団理事会のメンバーに関してはすぐさま問題が生じた。二〇〇九年時点で被追放者連盟の理事枠は三名だったが、連盟はそのなかの一人としてシュタインバッハを据えようとしたためである。かつてポーランドとの国境線としてオーデル・

ナイス線を承認せず、ポーランドのEU加盟にも反対していたこの「反追放センター」の主導者が、「和解」を名称の一つにもつ財団の理事に就くことにポーランドから、とくに外相のR・シコルスキから激しい抗議の声が上がった。(27) キリスト教民主・社会同盟の連立パートナーの社会民主党も、〇九年の連邦議会選挙でこの党が下野して新たな連立パートナーとなった自由民主党もこの人事を問題視した。一方で、A・メルケルがこの異議に同意するならば、反追放センター構想の実現を求める党の右派からポーランドの圧力に屈したと反発を浴びることは必至であった。(28) 被追放者連盟はシュタインバッハが占めるべきポストを空けたまま二人の理事を据えたが、結局、メルケルは妥協点を見出すことによってこの外交と内政の板挟み状態から抜け出した。すなわち、被追放者連盟がシュタインバッハの理事就任を断念する代わりに、一〇年の法改正によって連盟の理事枠が三名から六名に増やされたのである。こうして理事会における連盟の影響力が強化されることになった。

二〇〇九年七月に専門的顧問委員会も構成され、そこではポーランド人とチェコ人とハンガリー人の三人の外国人が任命されたが、ここでも軋轢が生じた。その年の一二月にポーランド人委員のT・シャロタが、ドイツ人のポーランド人との「和解」ではなく、ドイツ人被追放者のそれ以外のドイツ人との「和解」がこの財団では追求されており、自分はドイツ人のもくろみを実現するための「イチジクの葉」になるつもりはないと、委員を辞任したのである。空席となっている理事のポストに就こうとしているシュタインバッハにとって第二次世界大戦で問題となっているのは「故郷からの追放」だが、ポーランド人にとってそれは「生命からの追放」、すなわち死であったと、開戦と同時にドイツ人に父親を射殺されて〇歳で孤児になったこの歴史家は被追放者連盟との認識の相違を述べている。[29] 翌年三月にはドイツ－チェコ歴史家協会会員のチェコ人理事とジャーナリストのドイツ人理事も避難－追放－和解財団のあり方を批判して辞表を提出している。[30]

ユダヤ人組織からも財団に対する不満が噴出した。二〇一〇年三月にドイツ・ユダヤ人中央評議会の副議長のS・コルンは、財団理事会において政治と宗教共同体の代表者がドイツ人の東部領土からの追放をその歴史的脈絡のなかで示すことに固執しているが、被追放者連盟の代表者はとりわけ被追放者が受けた苦難と不正を記録することを望んでいると『シュピーゲル』誌のインタビューで語り、ナチズム・ホロコーストと追放が歴史的に関連づけられることなくプロジェクトが推し進められるなら、ユダヤ人中央評議会の財団理事会からの脱退もありうると明言したのである。[31]

さらに二〇一〇年九月にユダヤ人中央評議会の書記長であるS・クラーマーは、被追放者連盟の二人の財団理事が「和解」を求める財団の理念に反する「復讐主義的な立場」をとっていることを問題にした。その一人のA・テルクは二〇〇〇年一月に右翼系雑誌の『若き自由』のインタビューのなかで、ナチ期の外国人強制労働者に対する賠償問題に関して、賠償を求めている国々でも「数多くの収容所のなかに数十万のドイツ人強制労働者がいた」のだから、「私たちに多大な要求をしているまさにその国々にはやましい点がある」と発言している。もう一人のH・ゼンガーは〇九年に東プロイセン同郷会の新聞に、「すべての列強」は一九三九年夏の前に「戦争に備える驚くべき意志」を示しており、「ポーランドは特別に好戦的な態度をとっていた」と述べ、第二次世界大戦を引き起こした責任をイギリスとポーランドに転嫁していたのである。しかもシュタインバッハは一〇年七月に外国人強制労働者への賠償問題に関してテルクの立場に同意し、ゼンガーの戦争責任論を「現代史家の基礎知識に属する」と評することで二人の見解を擁護した。これに対してクラーマーはこの二人の財団理事としての資格を否定し、抗議としてユダヤ人中央評議会の財団理事の任務を当分のあいだ停止し、今後の展開次第ではユダヤ人中央評議会の財団理事からの脱退もありうると書簡で文化国務大臣のG・ノイマンに伝えたのである。(32)

このように不協和音が響くなかで、財団長のキッテルが「避難－追放－和解記録センター」の構想に関して「重要問題文書（Eckpunktepapier）」を二〇一〇年一〇月に提示したが、その一カ月半前に「避難－追放－和解財団の展示のための構想上の意見表明」がM・S・ヴェッセルを中心とする専門家の市民運動によって「議論の刺激」のために提示されている。(33) 後者の文書は「ドイツ・チェコ／ドイツ・スロヴァキア歴史家委員会」と「ドイツ・ポーランド学校教科書委員会」によって支持されているように、ヨーロッパ的な脈絡のなかで追放の歴史を考察することを主眼としているが、その脈絡は第二次世界大戦期に集中し、ナチの拡張・絶滅政策とドイツ人の追放との関連が強調されている。また、国民国家を分析の枠組みとすることなく、シュレージェンやボヘミア、リトアニアなどの地域を事例にした「トポグラフィー的モジュール」の視点から追放の具体的実態とその相互連関を把握しようと努めている。この文書はそれまで避難－追放－和解財団において議論されてきた方針に対する批判として書かれたが、財団の「重要問題文書」はその批判を基本的に取り入れることはなく、多くの批判を呼び起こしたが、(34) 一二年六月に記録センターの常設展の構想としてその内容が財団理事会によって満場一致で認可された。この文書ではヨーロッパ的脈絡が第一次世界大戦から第二次世界大戦後までの期間においてクロノロジカルに考察され、その意味でドイツ人の追放も、ナチズムの絶滅政策も脈絡として取り入れられながら、ヨーロッパ的な現象として理解されている。そのうえで一国史的にドイツ人の追放の実態とその記憶のあり方の問題に記録センターの常設展の構想は収斂していく。(35)

この構想に基づいて「避難‐追放‐和解記録センター」(36)がベルリンのアンハルト駅(現在は地下の駅で、地上には空襲で廃墟になった駅舎が保存)近くに建設されることになり、二〇一三年六月に起工式が行われ、二一年六月の落成式の後に一般公開されることになった。このセンターの二階に常設展の第一部が設けられ、ここでは二〇世紀初めから今日に至るまでの追放の歴史が「国民とナショナリズム」「戦争と暴力」「権利と責任」「道と収容所」「記憶と論争」「喪失と再出発」の六つのテーマに沿ってヨーロッパ・グローバルなレベルで展示され、国民国家の原則が強制移住をくり返し引き起こしてきた原因として強調されている(図表4‐4)。三階にある常設展の第二部ではドイツ人の避難、追放、統合の歴史がクロノロジカルに展示されている。ここではヨーロッパ的な脈絡、とりわけドイツ人の追放の前史となるナチズムの戦争と占領と絶滅政策との関連においてドイツ人の強制移住および戦後の統合過程とその苦難が示され、追放をめぐるドイツの記憶文化の問題が提起されている(図表4‐5)。またこの記録センターには図書閲覧室、証言アーカイヴ、特別展のためのスペース、イベント・ホールなども備えられている。

こうして、追放を記憶するセンターの樹立という被追放者連盟が求めた施設がここに誕生した。そしてこの記録センターの常設展の内容は、近隣国の歴史家やユダヤ人中央評議会が問題にした視点や、市民運動のオルタナティーヴな問題提起を批判的に取り入れたとは言い難い。しかしその内容

図表4-4

図表4-5

は、受動的犠牲者として被ったドイツ人の追放の歴史とその苦難を強調することによって、ホロコーストの加害者としての歴史的責任を相対化しようとする被追放者連盟、とくにシュタインバッハの意向に沿おうとしたものではなかったし、そのことを彼女自身が認めている。[37] 実際に彼女は記録センターの完成の四年半前にキリスト教民主同盟を離党し、完成の翌年に極右政党「ドイツのための選択肢」に入党している。そこに彼女は政治的故郷を新たに見出したのである。

ともかく、避難‐追放‐和解記録センターは、ホロコースト記念碑やユダヤ博物館と肩を並べる記憶施設として首都ベルリンに居を構えることになった。冷戦初期にナショナリスティックに公的に記憶されてきた受動的犠牲としての追放の歴史は、戦後ドイツのサクセス・ヒストリーのなかに能動的犠牲として位置づけられることでその想起の公的な役割を終えたように思われたが、能動性から受動性への歴史観の転換のなかで、加害性とその責任を前提にすることでふたたびその想起の価値が公的に認められることになったのである。

2 ポピュラー・カルチャーのなかの被追放者

ポップス

ロック・シンガーのハインツ・ルドルフ・クンツェ（図表4-6）は一九五六年にノルトライン＝ヴェストファーレン州北東部の都市ミンデンの近郊に置かれた避難民収容所で生まれている。母方の実家

図表4-6

はのちにオーデル・ナイス国境線となるナイセ川が中央に流れる小都市にあり、終戦前の激しい戦闘と破壊の後に、ポツダム協定によってドイツとポーランドに分割された都市である。そのため彼の母は避難と追放を経験することになる。彼女は終戦前にクンツェの父親と婚約していたが、武装親衛隊の一員として前線にいた父親がソ連で五六年まで捕虜生活を送り、ソ連からの最後の帰還兵として帰国したため、婚約から一一年後に二人は結婚する。彼もまた新国境線の東部に故郷をもつ被追放者だった。両親は亡命地（Exil）にいるという感覚を彼につねに伝え、どこに住んでも故郷の写真が壁にかけられていたという。帰国後に前述の避難民収容所を運営する仕事を始め、そのときにクンツェが生まれた。その後、父親の転勤でクンツェも居住地を転々としたが、ニーダーザクセン州の都市オスナブリュックで一家は安住の地を得て、クンツェはそこで学生生活を送り、音楽活動を始めることになる。[38] 七〇年代後半から八〇年代初頭にかけて流行した音楽スタイルである「ノイエ・ドイチェ・ヴェレ（新しいドイツの波）」が荒立つなか、八一年にデビュー・アルバムを公表したクンツェは、八六年にリリースしたアルバム『奇跡の子供たち』の同名の第一曲目のなかで「経済の奇跡」で戦後復興を成し遂げた親世代とその時代を次のように描写した。

僕たちが小さかったころ、ほとんど全部が一点の曇りもなく／僕たちの母親は最高で、僕たちの父親はスターだった／どちらも自分の手でドイツを築き上げた／そしてそれはガスト・アルバイター［外国人労働者］に一つ一つ汚されていった／そう、ロシア人は悪で、アメリカ人は善だった／こっそりとまだナチだったものもいたけど／ばらす勇気はちっともなかった／でも結局のところそんな問いかけなんてみんなどうでもよくなった／だって月末になると必ず黒字が積み上っていったから／僕たちは奇跡の子供たち／僕たちは奇跡の子供たち［…］僕たちは奇跡の子供たち／僕たちはいままでずっと人生（Leben）をあきれ果てて見続けてきた／僕たちは奇跡の子供たち／ずっと遠くの人たちの犠牲でたらふく食って、気分がいい／僕たちは奇跡の子供たち／僕たちにはもうわが家はなく、夜に凍える／僕たちは奇跡の子供たち／僕たちはほかの子供たちよりもずっと早く老けていく

先述したように、被追放者は戦後復興のスタートを切るうえで特別に重々しいハンディを負ってお

り、その解消のため一九五二年に「負担調整法」が成立したが、この法律によってハンディが根本的に解消されることはできなかった。結局のところ、「経済の奇跡」と呼ばれた高度経済成長をバネに国民の生活水準が底上げされたことによって被追放者の社会・経済的統合は達成され、被追放者は自分が犠牲者であったことを忘れさせてくれた。クンツェはこの高度経済成長の時代に対して冷眼を向けているのである。武装親衛隊員であった父親や彼に従順だった母親、敗戦から立ち上がり、「ふたたび一角の者になった」と自負する物質主義的で、褐色のにおいの消えない親世代とは、もはや価値観は共有されていない。この世代が作った社会は「わが家」ではなく、「夜には凍え」、ずっとそのような生活（Leben）を「あきれ果てて見続けてきた」のである。このようなスタンスから彼は『被追放者』と題する曲を前年に制作されたアルバムに収めており、そこではフィクションを交えながら自らの出自と半生が語られている。

エスペルカンプの避難民収容所のバラックで／私は生まれた／オーデル・ナイセ国境で母のなかに宿り／自分がどこの出身なのか、分からないままだ／私も被追放者だ／復讐のつもりはない、幸福でありたいだけだ／私も被追放者だ／安息の地はオスナブルュック／私がめまいするほど／母は忠実だった／父は親衛隊にいた／私の名は、フランスで戦死したおじと同じハインツ／ルドルフ・ヘス（ナチ党副総統）と同じルドルフ／だれもが地に根を張り、だれもが地元の言葉を使っていた／でも私は一つのことを学ぶ時間など一度もなかった／ずっと旅をし続けてきた／土台も基盤もなく／耐えて生きること、立ち去っていくことが私の仕事／私も被追放者だ／シュレージェンは一度も私のものではなかった／私も被追放者だ／私はどこにでも骨をうずめるだろう［…］私はレンゲリッヒに、ハノーファーに、バート・グルントに住んでいた／好かれていないようにいつも感じていた／私も被追放者だ、どこにも居続けることはない／私の言葉に耳を傾けてくれるところ、そこがわが家だ

第2章の2で指摘したように、ヒトラーが始めた戦争の結末のなかで踏みつぶされた「無辜の花々」としての「受動的犠牲者」と見られていた被追放者は、西ドイツの復興と高度経済成長のサクセス・(ヒ)ストーリーのなかで、反全体主義的な国家と豊かな社会を築き上げることに非被追放者よりも献身した「能動的犠牲者」として表象されていった。しかしクンツェの『被追放者』では、被追放者を能動的犠牲者に仕立てた前提が崩れている。彼にとって復興と高度成長の時代を生きた人びとが——とりわけ被追放者が献身的に——追求したとされる目的《テロス》がもたらしたものは、ナチズムが残存する政治、利己主義的な搾取と競争の社会、そして破局的な環境危機にほかならないからである。逆にクンツェは被追放者のなかにその国家と社会の「受動的犠牲者」を見て、この歴史的主体に自己同一化している。それは、敵対的な地元民が住む異郷に新しい故郷を見出し、進歩した国家と社会の樹立に貢献した能動的犠牲者ではなく、この犠牲者が献身的に作り上げた社会のなかで故郷を失い、「凍え」ながら、いまなお「わが家」を求めている「無辜の花々」としての受動的犠牲者である。

「ノイエ・ドイチェ・ヴェレ」の代表的バンドのイデアールは一九八〇年に『ベルリン』で、H・グリューネマイヤーは八四年に『ボーフム』でそれぞれ故郷賛歌を謳歌し、前者は八二年のアルバム

に、後者は八八年のアルバムに同じタイトルの曲『故郷はない』を収めている。(39)復興期や高度経済成長期のような未来に向かって邁進していく進歩的な時間観念のなかでは、空間はたえず進歩した新たなものへと時間によって更新・克服されていく客体であり、故郷という空間も近代化と都市化のなかで変容を余儀なくされるが、それが進歩の代償として甘受されずに、喪失として感受されるような時間／空間観念の変化が八〇年代以降に生じた。この現象を映像の世界で象徴的に表現したのが、八四年の九月から一〇月にかけて一五時間に及ぶ一一部の連続ドラマで、二六パーセントという高視聴率をあげ、各部平均して九〇〇〇万人が視聴し、社会現象となったE・ライツ監督の『ハイマート（故郷）』(40)であろう。あるドイツの故郷が第一次世界大戦期から現在までの激動の歴史のなかで失われていく過程が壮大なドラマとしてこのドラマで描かれたのである。故郷讃歌と故郷喪失意識は、エコロジー問題と並走する政治・社会・文化現象となったが、そこに故郷喪失者としての「被追放者」がこれまでとは異なる形で注目されるようになった一つの背景を見ることができるであろう。

映画

一九五九年に『闇夜がゴーテンハーフェンに襲いかかる』が公表されて以来、被追放を直接的にテーマにした本格的な映画は作成されていなかったが、二〇〇七年と翌年に被追放者を国民的に表象＝代表しようとする映画が相次いで制作され、高い興業収益を挙げた。まず、九〇〇〇万ユーロの巨額な制作費をつぎ込んだK・ヴェッセル監督の『避難』は、ARDによって二夜にわたって放映され、二部とも一〇〇〇万人を超える視聴者と三〇パーセント近い視聴率を獲得した。(41)その意味ではここ一〇年でもっとも成功した映画となったが、ZDFもこれに対抗して翌年にJ・フィルスマイヤーを監督に抜擢して『グストロフ号』(邦題は『シップ・オブ・ノーリターン――グストロフ号の悲劇』)を制作し、八百万人以上の視聴者を得ている。[42] 二つの映画とも、ドラマ性の乏しい終戦後の被追放者ではなく、戦争末期の避難民の姿を描いている。

まず『グストロフ号』であるが、その評判は芳しくなかった。『フランクフルト一般新聞』は「まったく初歩的なやり方で物語としても、映画としても失敗作[43]」と評しているが、そこには構造的な問題が潜んでいるようである。ほぼ四〇年前に制作された『闇夜がゴーテンハーフェンに襲いかかる』は、たしかに避難・追放自体をテーマにした映画であるとはいえないが、主人公を含む避難民がヴィルヘルム・グストロフ号に乗り込んだ原因と乗り込むまでの過程を描き出している。ところが『グストロフ号』では、この客船の撃沈に焦点が当てられているため、その映像は沈没までこの船舶をほとんど離れることはなく、九千人という史上最大の犠牲者を出したこの海難事件の歴史的背景はほとんど語られていない。つまり、この事件は避難と追放という歴史的脈絡において物語が展開されていない。むしろこの脈略は、人命を第一に考える主人公と保身から判断を誤る軍人との衝突といった人間ドラマや恋愛物語、スパイ活動のサスペンス、大型客船の転覆というスペクタクルなどが展開する物語の後景として使用されているにすぎない。したがって、最新の映像技術を駆使してこの惨劇を歴史的によみがえらせた『グストロフ号』は、歴史的テーマに取り組んだドラマというよりも、一〇年前のハリウッド映画『タイタニック』のドイツ版と見なしたほうがよいだろう。『ツァイト』紙は歴史家のH・ヴェルツァーが〇四年の映画『ヒトラー最期の12日間』に関して指摘したことをこの映画の評論で引用しているが、この引用がまったく適切であることは疑いない。

この映画はイデオロギー的であると同時に、悪質だ。政治・社会的な脈絡のなかで捉え、歴史的な評価を加えることをしなければまったく物語ることができないことを、歴史的に評価することなしに、真実そのままに物語ることができるのだと、この映画は言い含めているからである。(44)

これに対して『避難』は、避難による故郷喪失というテーマにその政治・社会的脈絡も含めて真正面から取り組んでいる映画である。その物語は、未婚のまま子供を身ごもり、その娘を育てるために親元を離れていた伯爵令嬢のレーナが、病床に臥していた大土地所有者の父を世話するために、一九四四年の夏に東プロイセンの故郷に帰ってくることで始まる。当初、父親は拒否的態度をとっていたが、疎開先から戻った娘と生活を再開したレーナは、数多くの使用人と外国人強制労働者を率いた農場経営を父から引き受ける決意をする。その後レーナは軍事裁判官をしていた伯爵のハインリヒと婚約するが、ナチ体制に批判的だった彼の弟が自殺することで破談となる。そうこうするうちに前線が彼女の農場にも近づいていき、レーナは使用人たちを率いて避難することを決意するが、父は行動を共にすることを拒む。外国人強制労働者が先に避難し、レーナたちも隊列を組んで邸宅を去ったあとに、ソ連軍がそこに入り込むと、父親は飼い犬を銃殺して、自らの頭も銃弾でぶち抜く。寒々とした雪原を西に向かって進んでいくレーナたちの隊列を映し出して、一時間半にわたる『避難』の第一部が終了し、第二部で春のバイエルンに到着するまでの避難劇が展開される。

第一部では、東プロイセンの風景と社会生活、すなわちこの時点から失われてしまった旧ドイツ領の故郷が再現されている。そこはユンカーを頂点に抱く階層社会であり、それぞれの身分がその社会慣習に従って生活する姿が、現代ではノスタルジックに感じられる家屋や家具調度品——伯爵の邸宅、光り輝く食器類から使用人が生活する小屋や藁のベッド、農作業器具などに至るまで——とともに映し出されている。シュタインバッハは「強いられた道」展の開会の挨拶で、故郷は具体的な場所であるだけではなく、「場所や風景の記憶、あるいはこれらへの憧憬でもありえます。この場所、記憶、憧憬を失ったときに、人生構想における本質的な関連点を欠いてしまうのです」と述べているが、『避難』で描かれたこのドイツの故郷も、単に領土として喪失した「場所」であるだけではなく、近代化という時間次元でも失われる運命にあった記憶と憧憬の空間である。したがって「強いられた道」展と同様に、『避難』が描いている故郷は、強奪され、したがって奪還されるべき具体的な空間ではなく、記憶のなかで保持され、そうして現在とのつながりをもつナショナルな「関連点」として描き出されているといえよう。

しかしこの「うるわしい」故郷がソ連の赤い「獣」の犠牲になっていくという構図で『避難』の物語は進行しない。この社会にはすでにナチスの支配が「外部」として入り込んでいるからである。この「褐色」の悪党たちは、社会慣習よりもナチの政治・社会秩序を重視し、農場経営に不可欠の馬を徴用し、秩序ある避難を実行するタイミングを妨害し、避難した無抵抗の外国人労働者を射殺し、少年や老人までも兵力として動員し、逃走兵を街頭に吊り下げるといった行動で、ユンカーを頂点としたこの階層社会の秩序を乱しながらすでに侵入している。ナチ支配はレーナたち貴族と対立しており、避難民は赤軍だけではなく、ナチス支配からも逃避していたかのように描かれているのである。『シュピーゲル』誌と『ツァイト』紙はともに、ドイツの貴族や東プロイセン人は比較的熱心にナチズムを支持していたという歴史的事実がこの映画では軽視されていると指摘しているが、[45]まったく首肯できよう。反面、その意味で『避難』は共産主義による犠牲を強調することで、ナチス・ドイツの歴史的責任を相対化しようとする映画でもない。避難民は、ヒトラーとスターリンという「世界史的個人」に代表される歴史的過程のなかで踏みつぶされた受動的犠牲者の「無辜の花々」としてここでは表象=代表されている。

『避難』ではこの西へ向かう「無辜の花々」に苛酷な現実が次々に襲いかかる。避難の途中で二人の女性が隊列から離れ、その地にとどまろうとしたが、赤軍に襲われ、一人はレイプされ、もう一人は衝撃のあまり首を吊ってしまう。あるいは、結氷したバルト海を渡る丸腰の避難民の隊列にソ連軍の戦闘機の機銃掃射が襲いかかり、爆弾で開いた氷の穴に避難民が吸い込まれていく。また、その氷上のいたるところに凍死した遺体が放置されている(図表4-7)。六〇年代以前には政府主導で編集された資料集などによって公に語られ、それ以降は主に私的なレベルで語り継がれてきたこのようなシーンをドイツ国民の犠牲体験として映像化することで、『避難』はこの歴史を国民史のなかの一部として国民の記憶のなかに刻み込もうとしている。

しかし、数々の困難が降りかかるなかで、数十人の避難者を率いたレーナをつねに支えた外国人が『避難』では登場している。「悪党」の銃弾を免れた唯一の生存者であるフランス人の捕虜・強制労働者のフランソワであり、彼とレーナのあいだには恋愛感情が芽生え、レーナの婚約者とのあいだに三

図表4-7

角関係が生じる。婚約者が終戦間近に連隊からはぐれた若い兵士に脱走の有罪判決を下して、処刑させたことにレーナは怒りをぶちまけ、彼に愛想を尽かす一方で、終戦後に勝者と敗者の立場が入れ替わったレーナとフランソワは再会し、国境を越えた信頼関係が確認されていく。二人の恋愛は成就することはなかったが、このような「外国人」を物語に参入させることで、『避難』はこの歴史を——「強いられた道」と同様に——ヨーロッパ的な視点からも描き出そうとしていることは確かだ。

レーナはフランソワとの私的感情を最後まで抑えて、避難者たちの安全と生命を優先させ、勇猛果敢に困難に立ち向かいながら避難民を率いて、春のバイエルンにたどり着くことに成功する。このように彼女は、プロイセン的美徳を備えた女性として義務を果たし、使命をまっとうしている。『シュピーゲル』誌の表現を用いるならば、彼女は「女モーゼのように被保護者をロシア人のいない西側の約束の地に導いたヒロイン[46]」として描かれているのである。その論評は、そのような演出のために払わなければならなかった「代価」を次のように確認している。

視聴者は高潔さを尊敬するが、その高潔さに興味を示していない。そんな高潔なる時代に自分たちはいないことを視聴者はもう学んでいる。視聴者は感傷的な気分にとどまっており、自分たちの時代はあの過去の時代とは異なっていることを見抜いているのだ。[47]

つまり、受動的犠牲者としてその主役に「私たち国民の苦難の歴史のイコン」(『ツァイト』紙[48])を求めていた視聴者にとって、この逃避劇の主人公は英雄像にはまりすぎていたということであろう。前章の反ナチ抵抗犠牲者の戦後史ですでに確認したように、一九九〇年代以降に求められていたのは、もはや「約束の地」という「目的《テロス》」を実現する能動的犠牲者としての英雄ではなく、この「目的《テロス》」自体に踏みつぶされる「無辜の花々」としての受動的犠牲者とその救済者である。

第5章

性暴力犠牲の語りとトラウマ

1 性暴力犠牲の語り

冷戦の終了後に性暴力犠牲者をめぐる公的な記憶も変化してきた。ユーゴ内戦における戦時の性暴力や日本における「従軍慰安婦」問題などが国際的に注目されるなか、ソ連兵によるドイツ女性の性暴力をテーマにしたドキュメンタリー映画『解放する者とされる者』がフェミニズム運動家であるH・ザンダー監督によって一九九二年に公開されたのである。歴史家のB・ヨールが学術的な協力者と助監督も務めた二部から成る上映総時間一九二分のこの長編映画[1]は、冒頭のナレーションで次のように語りかけている。

> これは戦時期におけるレイプに関する映画である。ベルリンの状況がもっとも知られているので、そこで起こったことを扱っている。そこで起こったことをみんなが知っていたが、誰も語らなかった——現在のクウェートやユーゴスラヴィアのように。

誰もが知っていたが、誰も語っていない歴史的な性犯罪を語ることを目的としたこのドキュメンタリー映画は、その準備段階で、新聞広告によってその歴史的体験を物語る意志のある女性を探し求めた。その求めに応じた女性の多くはカメラの前に身をさらすことは拒否したものの、その証言に基づいてドキュメンタリー集を刊行することには同意し、映画と同名の著作が刊行され、翻訳もされている。[2]彼女たちの多くは四〇年前の出来事を初めて物語ることになったのである。しかし映画に登場するのは犠牲者だけではなく、目撃者や加害者の側の旧赤軍兵士などの証言からもこの映画は構成されている。たしかに、歴史的な性犯罪の事件の実態を解明するために史料や歴史家の解説も映像に組み込み、また当時の映像をふんだんに使用している点でドキュメンタリー映画『ショア』とは異なっているが、『解放する者とされる者』がホロコーストを記憶する手法の影響を受けて成立した映画であることは間違いない。

レイプ体験を日記で物語っていたがゆえに西ドイツ市民から拒否的反応を示された『ベルリンのある女』も、世紀転換後に歴史的価値を再認識されることになった。作家で、批評家としても知られるH・M・エンツェンスベルガーによってこの日記は二〇〇三年に大手出版社であるアイヒボルン社の「もう一つの叢書」シリーズの第一巻として再版され、その年の六月から九月にかけてベストセラーのリストに載ったのである。[3]翌年には朗読のCDも売り出され、〇五年にはポケット版も出版された。日本でも〇八年に白水社から新版『ベルリン終戦日記——ある女性の記録』が刊行されている。

ところが、この日記は論争も引き起こすことになった。『南ドイツ新聞』の編集委員であるJ・ビスキーは匿名の著者の身元を暴露し、この本の編集・出版に関して疑義を呈する記事を公表したのである。この記事[4]によれば、日記の著者は一九一一年生まれのM・ヒラース。三四年までロシアを含む国外生活を経たのちにフリーのジャーナリストとしてキャリアを積み、ナチ党には入党していなかったが、「第三帝国の一種のプロパガンディスト」として活動していた。戦後もジャーナリストとして活動を続けたが、結婚を機にスイスに移住する。そこで以前から親交があったジャーナリストの

K・マーレクと接触をもち続け、彼が日記を編集して『ベルリンのある女』は世に出ることになる。ヒラース本人は生存中に新版を刊行することに同意しなかったが、〇一年に彼女はスイスで死去し、マーレクの未亡人が日記と版権を保持することになって、新版がアイヒホルン社から出版されることになった。しかし、出版原稿に移し替えられる編集の過程で日記はマーレクによって大幅に改竄された可能性があるとビスキーは指摘したのである。これに対してエンツェンスベルガーは、著者のナチズムとの関わりが指摘され、編集者の不当な介入が疑われたことで、この日記はドキュメンタリーとしての価値を貶められたと怒り、[5] アイヒホルン社は学術調査を歴史家に依頼した。[6] ところが、その調査結果にも疑問の声が上がる一方で、[7] 日記の著者のヒラースが戦争の最後の日までナチ・プロパガンダのために働いていたことが歴史家によって新たに検証されてしまったのである。[8] それにもかかわらず、この日記は〇八年にフェルバーベック監督によって『匿名――ベルリンのある女』(邦題は『ベルリン陥落1945』)と題して映画化され、文字媒体よりも生々しくベルリンにおける性暴力の歴史が描出されることになった。[9]

『解放する者とされる者』でも、『ベルリンのある女』の日記と映画でも、ソ連兵の蛮行だけが指摘されているのではなく、ドイツ軍、とくに親衛隊が行った戦争犯罪も同時に強調されている。たとえば、日記『ベルリンのある女』のなかでロシア兵は自分の故郷の村がドイツ軍に襲われ、子供たちの頭蓋骨が打ち砕かれたという目撃談をヒラースに通訳して伝えるように命じているが、その場面は映画にも印象深いシーンのなかで登場している。すでに一九九〇年代以降になるとドイツの戦争犯罪、とくにホロコーストに言及することなしに旧敵国の戦争犯罪を語ることは不可能になったのである。

図表5-1

逆に、ホロコーストの語り方に準ずることによってその犯罪にも言及することができるようになったとも言える。

たとえば、前述したエマ・Mの体験記や映画の『闇夜がゴーテンハーフェンに襲いかかる』『避難』で描写された避難中における性暴力の場合とは異なり、『ベルリンのある女』の日記とその映画が描き出した性暴力は、ソ連軍が暴力的に制圧した空間のなかで、回避や逃避の余地がほとんど残されていない状況で振るわれている。図表5-1は、地下室に隠れていた女性たちのところへソ連兵が侵入し、懐中電灯で照らしながら性暴力の対象を選んでいる、映画『匿名——ベルリンのある女』の一シーンであり、彼女たちは何も抵抗できない。敗戦と占領のなかでここでは一種の「例外状態」が生み出され、ヒラースはこの状況を「完全に（völlig）見捨てられた／身をゆだねた状態（Preisgegebensein）」[10]と言い表している。哲学者のG・アガンベンならそのような状況に陥った人間を「剝き出しの（bloß）生」と表現するであろう。実際にベルリンの女性たちは「単なる（bloß）獲物」だったという。「この獲物がどう料理されるのか、最後に誰のものになるのか、それは狩人にゆだねられている」[11]のである。この空間においてドイツ人は生殺与奪の権をソ連軍に握られ、女性は彼らの性欲を充足する動物として扱われた。ベルリンはいわば「強制収容所」に類似した空間と化しているのである。その意味で、この歴史的な性暴力の犠牲者に示された九〇年代以降の関心とは、ホロコーストを通して表象＝代表されていった新しい歴史的主体としての受動的犠牲者の再発見であったといえよう。この再発見において、「敗北の恥辱としてのレイプ」「東の野蛮性」「国民的和解」といったナショナルな思考のなかで沈黙を余儀なくされていた性暴力犠牲者は、受動的犠牲者としてその体験を物語ることが可能になったのである。

しかし、この犠牲者はまったく受動的に振る舞っていたわけではない。「ホロコースト・モデル」における受動的犠牲者と同様に、いつでも殺害され、犯されうる「例外状態」にあり、生きることが唯一の目的となったソ連占領下における性暴力の犠牲者たちも、状況の変化に応じて臨機応変に行動する個別・具体的な方策として短期的な戦術をとっているからである。五〇年代に『ベルリンのある女』が西ドイツで拒否反応を呼び起こした理由は、それがドイツの屈辱的な敗北を象徴する出来事を世界にさらしたことだけにあるのではなく、この犠牲者たちがとったその戦術にもあるようである。彼女たちは性と引き換えに有力な「強い狼」（階級の高いロシア兵）に「ほかの狼ども」からの保護を求めるという一種の「売春」も生き残るために選択していたからである。彼女たちは、『闇夜がゴーテンハーフェンに襲いかかる』の女性のように銃で抵抗を行うことで能動的に死を選択しているわけでもなければ、圧倒的な暴力になすすべもなく犠牲者となって泣き伏せ、その体験を自ら恥じ入り、男たちに復讐をゆだねているわけでもない。この選択肢のなかでしか記憶されてこなかった歴史的な性暴力の犠牲者たちは、いまや「生政治」を実践する主体として自らを語り、多くの人びとがその声に耳を傾けることを始めたのである。

ところが、映画『匿名――ベルリンのある女』は主人公と彼女の「強い狼」となった少佐との関係を「売春」から「恋愛」へと発展させている。これは多くの視聴者には度を過ごしたように感じられたようだ。たとえば、この関係は日記では「共感がなかったわけではないにしろ、相互の取引として冷めた関係」であったはずなのに、映画では「ほとんど低俗ともいうべき愛の悲劇」に膨らまされていることに『シュピーゲル』誌は不満を述べ、[12]『フランクフルト一般新聞』も「歴史の証言をメロドラマのけばけばしい色で塗りつぶしてしまった」と落胆している。[13] 権力を行使する側とされる側の関係が強制された性交や売春ではなく、恋愛関係になったとき、それはもはや「例外状態」と呼ぶことはできず、彼女たちはもはや「暴力」の受動的犠牲者とはいえないからであろう。つまり、ここではホロコーストを歴史的モデルとする物語のあり方から逸脱が生じ、映画の価値を下げてしまったのである。

2 戦争児とトラウマ

前著『転換する戦時暴力の記憶』で詳述したように、ドイツ人の空襲体験の記憶は戦場体験の記憶と異なる独自性をもっている。自ら銃を持って能動的に行動できる戦場とは異なり、空襲では防空壕のなかでただひたすら頭上に爆弾が落下しないことを祈るしかなく、励ましあう以外に能動的な行為をとれない非常に受動性の強い体験である。しかし空襲体験はけっしてタブーではなく、むしろ積極的に語られていた。死と絶望の現実や、たまたま頭上に落ちなかったという偶然・受動性が声高に物語られたのではなく、空襲にともに耐え、立ち向かい、受けた損害を克服していったという能動的犠牲の物語として空襲体験は記憶されたからである。つまりこの体験の記憶は、出発点（空襲を体験した時点）である「過去」と到達点（それが想起された時点）である「現在」が有意味な関係を取り結んだ（忍耐と苦労は実を結んで復興は成し遂げられて、今があるという）「物語記憶」として成り立っていたのである。[14]

一方、受動的犠牲としてのみ記憶された空襲体験は、「過去」と「現在」を有意味に架橋する物語を構築できなかったために、語られることが少なく、むしろ抑圧・忘却された。そして受動的犠牲を語る価値が確立されていった世紀転換期になると、空襲の受動的犠牲について語りえなかったことが、空襲そのものを語ることができなかった「タブー」現象であると理解されるようになる。しかし同時に、「タブー」として抑圧・忘却されたことによって、この受動的犠牲の記憶がその犠牲者に「トラウマ」として襲いかかっていた（いる）戦後史が「発見」されることになった。いまやドイツ人は空襲の犠牲者であるだけではなく、トラウマの犠牲者としても自己を語り始めたのである。たとえば、空襲の現実を生々しく描写した〇二年の『火禍（Der Brand）――一九四〇年から一九四五年の爆撃戦争におけるドイツ』[15]を『フランクフルト一般新聞』で論評した批評家のA・キルプは、この著作から「終戦からほぼ六〇年、重要なのは罪を確認することではない。痛みの認識が重要である。［…］ドイツ人のトラウマは発見される権利を有する」という結論を引き出している。[16] そして、この「トラウマ言説」は空襲体験に限られず、戦争体験全般において展開されることになる。

この言説において「戦争児（Kriegskinder）」概念がトラウマの典型的な犠牲者として編み出され、人口に膾炙することになった。ナチ政権の犯罪行為に関わる年齢には至っていなかったが、この行為の責任を糾弾した「六八年」世代より先に生を受けている年齢層がそれに当たる。つまり第三帝国で生まれ、戦時期を幼少時代に過ごしているために受動的犠牲者としてのみ戦争を体験した世代である。それまで「最初の戦後世代」と見なされていたこの年齢集団は、加害者と能動的犠牲者の世代全体が徐々に鬼籍に入りつつある中で、いまや社会の第一線を退き、年金生活に入った時期に「最後の戦争世代」として注目されることになったのである。

このことに先鞭をつけたのが、二〇〇四年にS・ボーデによって著された『忘れ去られた世代——戦争児が沈黙を破る』であった。戦争体験に対する喪の作業を怠ったために、この世代が戦後にトラウマに苦しめられたことを詳述したこの本は、瞬く間に版を重ね、一一年に拡大版が出版されている[17]。これに触発されて類似した著作も生み出され、〇五年にはH・ローレンツの『戦争児——ある世代の運命』[18]、〇八年にはG・エンヌラートの『戦争児——過去の傷の癒し方』[19]、〇九年にはY／S・ヴィンターベルクの『戦争児——ある世代の記憶』[20]が出版されている。

『忘れ去られた世代』の拡大版によれば、その初版が上梓された〇四年にはまだトラウマ概念はナチズムによる犠牲者を対象に言及されていたが、この著作をきっかけに、戦後に体験を語ることができずにトラウマに苦しんできた「戦争児」の実態が研究によって解明されていった。その数はこの世代の一〇パーセントに及び、さらに二五パーセントがその兆候が見られ、したがって第三帝国に生まれた世代の三分の一が心身障害、とくにうつ病やパニックの発作などの症状を訴えているのだという。[21]

ドイツのメディアも「戦争児」概念とこれらの著作に注目し、戦争体験者のトラウマ症状を紹介している。たとえば、二〇〇六年に『シュピーゲル』誌は、ドイツ人が経済発展へと邁進するために前方を向き、「自らの苦悩を集団的に閉じ込めた」が、終戦から六〇年後に「このファッサードはいまや砕け始め」、この世代が語り出していることを指摘し、その三〇パーセントが戦争体験で心的外傷を受けているという心理学者の調査結果を紹介している。[22] また『シュピーゲル』誌は〇三年の空襲特集『炎が天から降りてくるときに――ドイツへの爆撃戦争』で、「終戦からほぼ六〇年、いまなお多くのドイツ人が子供として爆撃の霰のなかで受けた精神的な傷の後遺症に苦しんでいる」ことを取り上げ、トラウマの実態を報告している。たとえば一九四一年生まれで、四歳でドレスデン空襲を体験した男性は、その体験を自覚的に記憶していないにもかかわらず、大人になるまで毎晩まわりのすべてが燃え上がっているように思え、叫びながら目覚め、寝小便でベッドを濡らし続けた。大人になってもそのトラウマは完治せず、しばしばパニック障害に陥ったのだという。[23] さらに、この問題に取り組んだH・ラーデボルトは〇五年に『シュピーゲル』誌のインタビューで、二七年〜四六年生まれの三〇パーセントがトラウマを受けており、六〇歳以上の年齢層の三〜五パーセントがPTSDに罹患している明らかな症状があるという数字を挙げ、レイプ犠牲者が受けたトラウマについて次のように発言している。[24]

一四歳でロシア人から複数回レイプされた一人の患者が私のところにいます。彼女は血を流して母親のところへ行きましたが、母親は「そんな大仰に振る舞うなんてやめなさい。私たちはいまみんな同じ目に遭っているのよ」と言いました。のちに彼女は性的関係をいつも強制として体験し、アイデンティティにおいて女性としていつも劣等感を抱いてきました。内面の崩壊が長らく続いたということです。

追放体験がもたらしたトラウマ現象に関してもこの時期に調査は進んでいる。一九九九年に行われた旧被追放者の調査によれば、五パーセントがPTSDの明確な症状をもち、さらに二五パーセントが部分的にその症状にかかっており、また八四パーセントがこれまでにトラウマ性のストレス障害の経験をもっているのだという。[25] 二〇〇四年には被追放者二世のトラウマ（「蓄積的トラウマ」）に関する研究報告が公表されている。この研究によれば、トラウマは追放を体験していない次世代にも「伝承」され、故郷喪失感情、根なし草感情、不安感といった精神状態が頻繁にみられるのだという。[26]一〇〇〇人を対象にしたアンケートと一二〇人とのインタビューの調査を行った心理学者のM・エルマンも、「戦争児」の不安感、鬱、空虚感、関係障害などの心的外傷の症状を指摘したうえで、ホロコースト犠牲者と同様に「戦争児」のトラウマも次世代に受け継がれていることを指摘している。[27]このトラウマの「遺伝」に関しては、すでに〇二年にカッセルで開かれた「戦争被害を受けた子供期（一九三二～三五年から一九四五～四八年まで）――結果と未解決の問題」をテーマにしたシンポジウムでも議論されており、避難や空襲の体験者がパニック障害などの精神・身体的疾患に陥りやすく、この「戦争児」の中核的アイデンティティがトラウマとともに次世代に内面化されていることが明らかにされている。[28] 〇八年にはA‐E・ウストルフが『われら戦争児の子供たち——第二次世界大戦の影のなかの世代』を上梓し、戦争を体験した親のトラウマの次世代への「遺伝」を詳述している。[29]

二〇一三年五月にはドキュメンタリー番組『われら戦争児——いかに不安は私たちのなかで生き続けたのか』がARD（ドイツ第一テレビ放送）によって放映された。[30] このドキュメンタリーは、それぞれ一〇歳と一二歳のときに東プロイセンの故郷から追放され、戦争の影を引きずりながら戦後を生きてきた男女二人のドイツ人の語りを中心に展開されている。二人とも戦後にその過去を滅多に語ることがなく、トラウマ症状に苦しんでいる。男性は鬱や不安感にさいなまれ、心臓や循環器に障害をもっているが、その症状は一人の息子と双子の娘にも「遺伝」されている。しかし二人は戦争と終戦の日々を語ることで、トラウマ症状から少しずつ解放されていく。男性は家族とともに現在はポーランドに属するかつての生家と父親が処刑された場所を訪ね、父親への別れの手紙を箱に入れ、掘った穴のなかに埋める。この喪の作業を終えることで、彼は自分の心のなかの変化を感じとる。こうしてこの番組自体が一種のセラピーとして二人とその家族の治癒に貢献していくのである。

ドイツの「戦争児」を主人公にした映画が二〇一二年に制作されている。『さよなら、アドルフ』という邦題で日本でも公開された『ローレ』であり、ナチズムの信奉者としてその体制の犯罪に深く関わっていた両親をもつ一六歳の少女ローレがこの物語の主人公である。たしかに、自身が戦争児の世代に属する一九四〇年生まれのH・ザンダース＝ブラームス監督によって八〇年に制作された『ドイツ・青ざめた母』でも、戦争児が主役の娘として登場する。しかしこの映画が戦争児の視点から見た戦中と終戦の時期の親世代の世界を描いていたのに対して、『ローレ』は戦争児を主役に据え、この世代がその時期に体験した世界そのものを映し出そうとしている。

この映画の戦争児は空襲も避難・追放も体験してはいない。連合軍の追求の手が間近に迫ったローレの親は、長女である彼女に乳飲み子を含む四人の兄弟姉妹をシュヴァルツヴァルトの家からハンブルク北部の祖母の家に列車で連れていくことを命じて、子供たちの前から姿を消してしまう。しかも列車は運行されていなかったために、わずかな現金と金目のものを所持しただけの五人の子供たちは、それを食料と交換しながら、徒歩で目的地に向かうことを余儀なくされる。その途上でローレは、ドイツ人の集団的罪を告発するために解放後の強制収容所の写真を掲示したポスターのなかに父親の姿を発見し、彼がこの犯罪に関わっていたことを知って衝撃を受けた。その後、トーマスと名乗るユダヤ人の身分証明書をもった若い男性がこの兄弟たちと同行するが、占領されたドイツ国内の通行は自由にできず、占領地区の境界線では双子の弟の一人は射殺されてしまう。もう一人の弟から旅券を隠されたトーマスがローレたちのもとを立ち去った後に、その旅券が偽物であったことにショックを受けながら、泥にまみれた傷だらけの体で祖母の家にようやく到着する。

生殺与奪の権を連合軍に握られ、無残な姿の死体を目撃し、殺人現場に居合わせる体験をしながら、動物的な生の維持だけが唯一の目的と化したローレたちの姿は、ベルギーからウクライナへと逃走したユダヤ人少女を描いた『ミーシャ/ホロコーストと白い狼』(二〇〇七年)を髣髴とさせる。戦後最初期の映画『人殺しはわれわれのなかにいる』(一九四六年)で主人公の女性は瓦礫と廃墟のなかで新たな出発を決意する一方で、R・ロッセリーニの名作『ドイツ零年』(四八年)の主人公の少年は互いが利他的に敵対し、子供を保護すべき大人が子供を搾取する逆転された世界のなかで自ら死を選択するが、ローレは後者の主人公に類する運命をたどっていく。[31] たしかにローレは死に至らず、保護者のもとに到達するのだが、そこに戦後の新たな居場所を見出すことができない。親の犯罪を知ったローレは、その罪を認めようとせず、依然として権威主義的な態度をとる祖母に公然と反抗し、ラストシーンでは母親が後生大事に守ってきた鹿の磁器を続けざまに踏みつぶしていくのである。『人殺しはわれわれのなかにいる』では戦時中の犯罪が瓦礫のなかで告発されることで、瓦礫は過去の清算と未来への出発のメタファーとなりえたが、ローレは自己同一化していた親が歴史的な犯罪に手を染めていたという事実を「瓦礫」のなかで発見することで心的外傷を負う。しかし大人社会はその外傷を処理するすべを示さない。ラストシーンでの彼女の象徴的行為は、終戦の日々の記憶が彼女の心の奥底に刻み込まれ、復興と高度成長に踊る戦後になってもトラウマとなって彼女に襲いかかってくることを暗示している。

図表5-2

二〇一三年三月二五日号の『シュピーゲル』誌は「戦争児」の恐怖におびえる顔を大きく載せた表紙（図表5-2）[32]を付けて、「永遠のトラウマ——戦争とドイツ人」の特集を組んでいる。戦争と犯罪が引き起こしたトラウマが「戦争児」やその次世代にも「遺伝」していることが「発見」されたことで、いまや人口の大半を占めるに至った戦後世代もこの「永遠のトラウマ」の受動的犠牲者としてその暴力の直接的な犠牲者となったのである。こうして第三帝国における暴力は「過ぎ去ろうとしない過去」としてこの世代も刻印し続け、その犠牲者とその問題は二一世紀になっても「永遠に」存続することになったのである。

終章

1 本書のまとめ

第二次世界大戦を始め、ホロコーストを引き起こしたナチス・ドイツ。戦後ドイツの国民は、ナチズムの犯罪をホロコーストの写真や映像、ニュルンベルク裁判などを通して知ると、その罪を認め、ドイツ国民国家の継承者としてその責任を痛感し、犠牲者に謝罪して賠償に応じ、歴史的な自己を加害国民として認識した――「過去の克服」の優等生と見なされている今日のイメージから私たちの多くは、当初からドイツ人が加害者として自己認識していたと思い込んでいるかもしれない。

しかし、終戦・建国後に多くの西ドイツの国民は、人種主義的な侵略戦争に加わり、ホロコーストに関与していたという認識をほとんど持っていなかった。ドイツ国防軍の兵士たちは「通常」の戦争のなかで祖国のために戦い、戦争犯罪やホロコーストは親衛隊などのナチ組織によって実行されたもので、一般市民および一般兵士とは無関係であると考えていたのである。戦争末期になって国民は、非武装の市民も含めて、無謀な戦争に巻き込まれたことを実感した。おびただしい数の兵士と市民の命が奪われ、多くの反ナチ抵抗者が処刑され、些細な言動でも死刑判決が頻繁に下され、国土の多くが空襲と地上戦によって廃墟と化し、市民の生活の多くは壊滅的に破壊され、多くの女性が敵国軍兵士のレイプの犠牲になった。さらに、併合・侵略前のドイツ領土の四分の一をオーデル・ナイセ線（現東部国境）以東で失い、一二〇〇万人以上のドイツ系住民が故郷を追放され、その途上、二〇〇万人が命を落としたと信じられ、生き残った「故郷被追放者」の多くも財産をすべて失い、ゼロから生活を立て直していかなければならなかった。さらに、縮小された国土の東部はソ連によって占領され、そこにはのちに東ドイツ国家が建国され、ドイツの国家と国民は分裂することになる。これらすべてによって国民の多くがトラウマを抱えて戦後を生きることになった――このような体験のなかで当時のドイツ国民の多くは自分自身を犠牲者と認識し、戦後もその歴史的自己を犠牲者として記憶したのである。もちろん、ナチ時代の国民を加害者として自覚していた者も当時すでに存在したし、戦後が進み、戦後世代が増加するにしたがって、この時期の国民を加害者と見なす市民の割合も増加した。しかし、ナチ時代のドイツ国民が「犠牲者」であったという認識は戦後ドイツの歴史的言説として重要な社会・政治的機能を果たしてきたのである。

本書は、戦後のドイツ国民にとって重要な自己認識であるこの「犠牲者」が戦後の言説においてどのような変化を遂げ、変容してきたのかを検証していった。その際に、この概念を〈加害者vs犠牲者〉の二分法のなかで理解するのではなく、〈加害者－能動的犠牲者－受動的犠牲者〉という概念の複合体を通して分析する必要性を説いた。加害者か、犠牲者かといった二分法では戦後ドイツの歴史的現実を捉えきることはできず、実際にこの二分法のプリズムによって「過去の克服」に対する評価は歪められてきたからである。

本書がその「犠牲者」の対象としたのは、反ナチ抵抗者、反ナチ亡命者、故郷被追放者、性暴力被害者、トラウマ体験者である。前著『転換する戦時暴力の記憶』では、戦争犠牲者を分析の対象としたが、冷戦期において戦争犠牲者は、祖国に能動的犠牲を捧げた限りにおいて、ナチズムとそれが引き起こした戦争の受動的犠牲者であると認められ、その行為の加害性は問われることはなかった。その一方で、能動的犠牲の忌避者として多くが処刑された徴兵拒否者や脱走者は、売国奴や反社会的分子と見なされ、戦後も犯罪者扱いされたことを指摘した。後者の場合と類似した現象は反ナチ抵抗犠牲者に対する評価にも見られる。この抵抗（者）は当初、祖国に対する反逆行為（売国奴）と見なされ、終戦後もこの抵抗集団への共感は広がらず、多くの人びとにとって反ナチ抵抗者は相変わらず裏切り者、すなわち祖国に対する加害者であった。しかし、反ナチ共産主義闘士を能動的犠牲者として称えることで共産主義国家の国民を立ち上げようとする東ドイツに対抗して、ヒトラー暗殺とクーデターを企てた「七月二〇日の男たち」を再評価することが試みられた。この保守主義的な反ナチ抵抗犠牲者のために、全体主義支配からドイツ国民を解放する目的《テロス》に身を捧げた英雄を称える記念碑が建立され、記念行事が定期的に組織されることで、この犠牲者の追悼は国家的行事となり、この事件をテーマにした映画も制作された。こうして「七月二〇日事件」は戦後生まれの国民の記憶にも刻まれていくことになるが、市民の関心はさほど高いものではなかった。一方、主にミュンヘン大学の学生によって構成され、キリスト教と人道主義的な観点からナチズムに抵抗し、「血の裁判官」の判決によって断頭台へ消えていった「白バラ」は、祖国の名を汚すナチズムに対する非暴力的な抵抗によって祖国に能動的犠牲を捧げたと見なされることで、比較的早く祖国に対する加害者から祖国のための犠牲者へと評価を転換していった。しかし、その行動はナチ体制という巨大な組織に立ち向かうにはあまりにも微力で、無謀な試みと見なされ、それゆえに当時の法的基準に従えば「抵抗」の範疇に含まれえないものであった。

G・エルザーが単独で起こしたヒトラー暗殺未遂事件も「抵抗」の格付けは与えられなかった。それどころか、この暗殺未遂事件は世論操作を目的としたナチスによる自作自演であり、その手下のエルザーによって実行されたという臆断が広がったために、彼は終戦後しばらく、巻き添えになったナチ党員を殺害した加害者と見なされた。その疑念はのちに晴れていったが、この事件に能動的犠牲としての歴史的な意味を見出すものは現れなかった。反ナチ亡命者の場合もまた、その政治的行動は「抵抗」と見なされず、むしろ「逃亡」と蔑まれることが多かった。この亡命者は、国民として戦争に能動的犠牲を払わず、「七月二〇日の男たち」のように全体主義支配からの解放という目的《テロス》の能動的犠牲者として殉死することもなく、「白バラ」のように全体主義支配の受動的犠牲者にも、空襲や追放の犠牲者のように戦争の結末の受動的犠牲者にもならずに、国民の苦境と苦難を国外の高みから見物していたと判断されて、帰国して政治参加する国民としての資格を疑問視されたのである。亡命者であった過去が戦後の自由・民主主義体制にとって価値を有することが認められるまで、四半世紀の時間を必要とした。こうしてエルザーと反ナチ亡命者は「能動的／受動的犠牲者」とは見なされず、脱走兵と同じように、戦後ドイツ共同体の「他者」とされたのである。

一方、敗戦によって暴力にさらされ、故郷から追放された被追放者は、西ドイツにとって冷戦の敵の犯罪性を証明する受動的犠牲者になりえた――実際にそのように政治利用され、その意味でこの体験の想起がタブーであったことはない――が、この集団が国境の引き直しと国土の回復を求めて排外的ナショナリズムに目覚めることは、国際政治をふたたび緊張させ、西ドイツ国家にとって政治・社会基盤と国際的威信の喪失を招きかねなかった。そのため、この歴史的犠牲がメディアなどを通して国民的な犠牲者として表象されることは控えられた。そして被追放者はハンディを負いながらも異郷の社会に順応することによって自助として復興に尽力し、ルサンチマンの心理的エネルギーを未来志向の目的に変換することで解消し、犠牲の記憶を私的な領域に封印することが求められた。被追放者自身も次世代に教育投資を行う未来志向の戦略をとることによって、ほかの国民とのハンディと格差を徐々に是正していった。こうして被追放者は復興と高度経済成長という目的《テロス》の達成に尽力した能動的犠牲者として認められていくことになる。

性暴力犠牲者の場合、被追放者のように受動的犠牲を能動的犠牲へ転換することは困難であった。犠牲となった女性にとって忘却しがたいその体験が精神的な苦痛を残したことは言うまでもないが、口外することが社会からの制裁や精神的苦痛を招きかねなかったために、この犠牲の体験は記憶の奥底に沈めざるをえなかった。しかも家父長的な社会にとって女性のこの犠牲は、敗北を象徴する出来事として屈辱を意味したため、社会全体で抑圧されることが求められた。能動的犠牲に転換されえないこの体験は自己と有意味な関係をもった物語記憶を構成できないために、その記憶は現在との脈絡を欠いたままトラウマとして犠牲者に襲いかかったのである。

八〇年代以降にこの〈加害者－能動的犠牲者－受動的犠牲者〉の関係は歴史観の転換とともに大きく変化することになる。「ホロコースト」がメディアによって盛んに取り上げられ、世界史における「唯一無二」の惨劇として表象されると同時に、その犠牲者が「受動的犠牲者」として歴史的評価を受けることで、歴史認識は大きく転換することになったからである。まず、英雄あるいは「世界史的個人」（ヘーゲル）と称賛されてきた能動的犠牲者はそれまでの世界史における加害（植民地支配、人種主義、ジェノサイド）の責任を負わされ、能動的犠牲とその目的《テロス》の歴史的評価は低下した。こうして加害者としてのナチ体制の犯罪‐不法性が全面的に認められる一方で、抵抗は国民の解放という目的《テロス》を達成するための未来構想をもつ必要がなくなったことで、反ナチ抵抗犠牲者の評価に大きな変化が生じた。ナチ独裁の犠牲者になったにもかかわらず、戦後に賠償の対象から外されただけではなく、犯罪者として扱われ続けた「エーデルヴァイス海賊団」やエルザーのような抵抗者が肯定的に記憶されるようになり、この体制に対するいかなる抵抗――たとえばユダヤ人への食料や隠れ家の提供といった日常的行為――も顕彰されるようになった。国民共同体の支配と抑圧からの解放ではなく、受動的犠牲者の救済が歴史的に評価されるようになったからである。また、「七月二〇日の男たち」や「白バラ」も、ドイツ国民のナチズムからの解放といった観点に代わって（あるいはそれに加えて）、ホロコーストを含む第三帝国の戦争‐人種政策の脈絡のなかに位置づけられ、この政策の受動的犠牲者の救済といった見地から（再）評価されるようになった。これらの抵抗劇の主人公たちは、偶然にとった行動が抵抗と見なされ、そのためにナチ体制の受動的犠牲者になってしまった「無辜の花々」という役柄でも十分にその主役を務めることができ、規律化された身体を有し、必然と見なした目的《テロス》を一貫して追求する精神を備えた英雄である必要はなくなったのである。

　このような歴史観の変化のなかで受動的犠牲者が世界史の主体に転換されるに伴って、犠牲の意味を示すことができなかったこの犠牲者の歴史的経験が国民の記憶として想起されるようになった。たとえば、この時期に被追放のテーマがリバイバルし始めたが、国家と社会に復興と高度経済成長をもたらした能動的犠牲者として記憶された被追放者は、いまや受動的犠牲者であること自体にナショナルな意味を見出されることが可能になった。受動的犠牲をもたらした加害者の歴史的責任を問うことが歴史を記憶・想起する重要課題となり、加害の歴史的事象のリストの筆頭に「ホロコースト」が記され、ドイツ人が犠牲者となった「追放」のような事象もそのリストに取り上げられることで、その受動的犠牲者が国民的な歴史的自己として表象されることができるようになったからである。ドイツ国民の問題としてホロコーストの人権侵害の事実を記憶・糾弾した同じ刃で、「追放」というドイツ国民に対する人権侵害の事実もまた記憶・糾弾され、ドイツ国民はその犠牲者であったことが認められるようになった。同じことが性暴力犠牲にもいえる。能動性をもたない屈辱的な体験であるがゆえに心の奥底に封印されたこの犠牲も、ホロコーストの歴史的表象を鋳型として使用することで語りえるようになり、この受動的犠牲者も歴史的主体の役を演じることができたのである。そして、受動性のために「物語記憶」として語られなかった犠牲体験がトラウマを集団的に引き起こしていたことが、二一世紀になって「発見」されるようになった。能動的犠牲の記憶に転換できなかった受動的犠牲者はトラウマ犠牲者としてその存在が認識されるようになったのである。

ボン基本法に基づく西ドイツおよび統一ドイツは——普仏戦争後のドイツ第二帝政とフランス第二共和政、第一次世界大戦後の独立した東欧の国民国家体制、ドイツのワイマール体制、ロシアのソ連体制、第二次世界大戦後の東欧の共産主義体制、そして日本国憲法体制など多くの近代国民国家体制と同様に——戦後体制であり、第二次世界大戦で行使された戦時暴力を生みの親としている。このような暴力を拙著『転換する戦時暴力の記憶』ではW・ベンヤミンに倣って「神話的暴力」と名づけたが、それぞれの戦後体制の「神話的暴力」の体験は、それが戦後体制を生み出したがゆえに重要な意味をもつことは言うまでもない。どの暴力が体制にとって重要な「神話的」なものとして記憶されるべきなのか。自国の暴力か、敵からの暴力か、どの敵の暴力か。重要と見なされた暴力はどのような性格をもっていたのか。正当な暴力か、不正な暴力か、受け入れるべきではなかったのか、受け入れざるをえなかったのか。このように「暴力」をどのように記憶し、解釈するのかという問題は戦後体制の正統性に関わっており、体制の存続をも左右する重要性をもつ。

本書が反ナチ抵抗、被追放、性暴力被害、トラウマの事象を取り上げたのは、この犠牲をもたらした「神話的暴力」とその記憶が、上述した観点で戦後（西）ドイツ体制の形成と生成に重要な役割を果たしたからにほかならない。そして本書は〈加害者－能動的犠牲者－受動的犠牲者〉の三つの概念を駆使することで、この「暴力」はどのようなカテゴリーで体験、あるいは記憶されたのかという視点から考察した。その理由は、戦後体制が国民国家体制である限りにおいて体制転換は新たな国民形成とそれをめぐるヘゲモニー闘争を伴うことにある。戦後体制への転換において帝国臣民の民族から平和主義的な民主的国民へと国民もまた転換することが求められ、このような国民のあり方をめぐって戦後に保革の勢力のあいだで議論と対立が生じた戦後日本を思い浮かべるならば、このことは理解できるであろう。第二次世界大戦下の日本国民は、軍と政治家とともに祖国のために戦った能動的犠牲者なのか、それともそれらが無謀に推し進めた戦争の、あるいはアメリカの軍事力の受動的犠牲者なのか、あるいはアジア諸国に甚大な受動的犠牲を払わせてしまった加害者なのか？　戦時暴力のこのような記憶のあり方によって戦後体制で求められるべき国民像は規定されてきたといえよう。換言すれば、これらの記憶が戦後の国民を形成したのである。

戦後ドイツでも、国民形成のヘゲモニー闘争のなかで三つのカテゴリーの選択肢が提示されたが、加害者共同体、能動的犠牲者共同体、受動的犠牲者共同体としてそれぞれ国民の形成を求める陣営が形成され、戦後体制を創った「暴力」の体験をその陣営はそれぞれのカテゴリーで記憶しようとしたのである。終戦後においては、「暴力」は受動的犠牲として感受され、加害者を一部のナチスに限定することで加害者共同体であった記憶はフェードアウトされ、ナチズムと共産主義という全体主義の〈受動的犠牲者の共同体〉として国民を形成しようとする傾向が優勢であった。しかし冷戦下で復興と再軍備を達成する自立した国民が要請されるなかで、受動性を能動性に切り替えていくことが求められると、受動的犠牲の解釈転換が記憶のなかで行われ、〈能動的犠牲者の共同体〉としての国民形成が主流となっていく。しかし八〇年代以降に歴史観が転換され、ホロコーストが歴史解釈のモデルとして確立し、受動的犠牲者の歴史的評価が高まるなかで、〈加害者共同体〉であった過去が想起されると同時に、受動的犠牲者としての過去から国民を〈受動的犠牲者の共同体〉として歴史的に形成することが盛んに試みられるようになったのである。このように、戦後史のなかで加害者‐能動的犠牲者‐受動的犠牲者のそれぞれの共同体を形成しようとする複数のドイツ国民は、「日々の国民闘争」というヘゲモニー闘争をくり返してきたのである。そしてこの闘争は、ナチ時代の暴力が「神話的暴力」としての機能を失うまでくり返されていくだろう。

2 〈犠牲者の歴史政治学〉の意味と意義

〈犠牲者の歴史政治学〉を提唱することが本書の目的である。筆者はすでに「犠牲者」に関していくつかの論考を公表しており、この問題に関わる単著もすでに二冊――『ホロコーストと戦後ドイツ』（岩波書店、二〇一八年）、『転換する戦時暴力の記憶』（岩波書店、二〇二四年）――上梓している。そこで本書の最後に、この二冊で展開した議論もあらためて組み入れながら、〈犠牲者の歴史政治学〉を提唱することの意味を考えてみたい。

ところで、筆者が〈犠牲者の歴史政治学〉の構想を練っているあいだに、これと深く関連する研究書が二〇二二年に翻訳された。韓国の歴史学者、林志弦《イムジヒョン》の『犠牲者意識ナショナリズム――国境を越える「記憶」の戦争』（澤田克己訳、東洋経済新報社）である。林は「犠牲者意識ナショナリズム」を「犠牲となった前世代の経験と地位を次世代が世襲し、それによって現在の自分たちの民族意識に道徳的正当性と政治的アリバイをもたせる記憶政治の理念系的形態」と定義し、ナショナルな被害の過去が犠牲の過去としてグローバルに記憶されていく事象を紹介している。『ヨーコ物語』をめぐる出来事はその一例である。一九八六年にアメリカで、敗戦直後に朝鮮半島北部から引き揚げた日本人避難者が受けた暴行、殺害、レイプを含む苦難を描いた自伝的小説『ヨーコ物語』（邦題は『竹林はるか遠く――日本人少女ヨーコの戦争体験記』）が出版されたが、二〇〇六年になってこの本がアメリカの学校推薦図書のリストに挙げられると、韓国系アメリカ人の保護者が抗議の声を上げ、これをきっかけに韓国でもこの小説が歴史を歪めているとの批判が噴出した。作者の父親が関東軍七三一部隊の将校であるという噂もまことしやかに流れたという。出版当初にはまったく問題とされていなかったこの小説に対する過敏な反応に林《イム》は、〈韓国人＝加害国日本の犠牲者〉という等式を道徳的なよりどころとしてきた韓国人の「犠牲者意識ナショナリズム」を見出している。林は韓国だけではなく、日本、ポーランド、ドイツ、イスラエルなど、多くの事例を通して「犠牲者意識のナショナリズム」をグローバルな現象として体系的に分析している。「犠牲者」概念を前面に押し出して現在の政治・社会・文化現象を分析しているこの秀作を詳しく検討することで、拙著二冊で示唆し、本書で提唱しようとしている〈犠牲者の歴史政治学〉の意味と意義を考察してみたいと思う。

「犠牲者意識ナショナリズム」と邦訳され、原文では「犠牲者意識民族主義」と漢字語を使用した中心概念を林《イム》は英語で“Victimhood Nationalism”と表記している。したがって英語表記にはない「意識」の概念がこの中心概念に付け加えられているが、その意図は「犠牲者」の定義の問題と関わっているようだ。本書と同じように彼も英語における“Victim”と“Sacrifice”の区分を指摘しているが、漢字文化圏の語法に則って前者を「被害者」、後者を「犠牲者」と訳している。彼によれば、犠牲者意識ナショナリズムは「戦後の記憶文化のなかで善良な被害者が崇高な犠牲者に昇華する時に出現」（傍点は引用者）し、「被害者」は「祖国や民族、解放、革命、平和、人権、民主主義といった大義のための犠牲者に昇華」（同上）されることで初めて歴史の舞台に登場したという。つまり、「犠牲者意識ナショナリズム」の概念にあえて「意識」を付けたことには、「被害者を犠牲者へと昇華させる記憶の転移過程を盛り込む」という意図が込められていたわけである。したがって、この「昇華」は被害者の犠牲者化、つまりVictimのSacrifice化——本書の概念を用いるならば、受動的犠牲者の能動的犠牲者化——を意味することになる。となると、英語の表記の「Victimhood Nationalism」は直訳すれば「被害《Victim》（者であることを意識した）ナショナリズム」であるのに、漢字語では「犠牲者《Sacrifice》（であることを）意識（した）民族主義」と表記しているのはなぜなのだろうか。このナショナリズムで重要なのは被害者《Victim》自身ではなく、それが犠牲者《Sacrifice》化されたことにあるからなのだろうか。ともかく、林《イム》のいう「昇華」がSacrifice（能動的犠牲者）化であることは確かである。

林が受動的犠牲者の能動的犠牲者への「昇華」を分析の中心に据えている理由を推察してみると、九〇年以降に英雄主義的ナショナリズムから犠牲者意識ナショナリズムへの転換が生じたと論じているように、彼が「ナショナリズム」概念を基軸にして問題を立てていることにあるように思われる。「ナショナリズム」は一般に「国民であることの意識」以上の意味を有し、国民に帰属している者の国民国家への献身＝能動的犠牲を前提にしている概念だからである。つまり「犠牲者意識ナショナリズム」もまた能動的犠牲を前提にして説明せざるをえなくなったと考えられる。

これに対して筆者は「ナショナリズム」ではなく、「国民形成」を議論の中核に据えて「犠牲者」の問題を捉えようと試みた。まず『ホロコーストと戦後ドイツ』では、ポスト・フォーディズムあるいはポスト産業社会への産業構造の変化に伴って八〇年代以降にホロコーストが世界史上の唯一無二の出来事として認識されるにしたがって、歴史・物語解釈の「ホロコースト・モデル」が形成され、新しい歴史的主体が世界史の主役になり、新たな物語が展開されていったことを論じた。さらに前著『転換する戦時暴力の記憶』では、この歴史観の変化を「フランス革命モデル」から「ホロコースト・モデル」への転換として解釈した。「フランス革命モデル」において、歴史的時間は「究極目的」としての「目的《テロス》」に向かって進歩的・必然的に過去‐現在‐未来へと直線的かつ不可逆的に流れ、この世界史の流れを推し進めることに能動的犠牲を捧げる「世界史的個人」が称えられるが、その歩みのなかで踏みつぶされた受動的犠牲者の「無辜の花々」の痛みには鈍感な反応しか見られない。これに対して後者の「ホロコースト・モデル」では、歴史的時間は偶然性の連鎖のなかで流れ、「目的《テロス》」の追求の先に「破局」が設定され、この「破局」の受動的犠牲者である「無辜の花々」に感情移入がなされる。つまりこのモデルの転換のなかで世界史上の主役の座は能動的犠牲者から受動的犠牲者へ受け渡されたのである。

そして前著と本書では、この主役と物語の変更に伴って国民形成のためのモデルも変化したことを実証してきた。戦後体制の成立において重要な役割を果たした「暴力」に関わる主体のカテゴリーが〈加害者－能動的犠牲者－受動的犠牲者〉の三様のなかから記憶され、それぞれがモデルとなって戦後国民が形成されただけでなく、この三者の「闘争」のなかでカテゴリーの選択の重点は変化し、それは戦後国民とその国民国家の変化をもたらした。そして戦後ドイツの国民形成においてそのモデルの主流は、前節でまとめたように〈受動的犠牲者→能動的犠牲者→加害者／受動的犠牲者〉へと変化していったのである。一九八〇年代以降に主流になったのが「受動的犠牲者」のカテゴリーであり、この現象が林のいう「犠牲者意識ナショナリズム《イム》」ということになる。したがって、このナショナリズムはこのような国民形成とそれをめぐる闘争のなかで生じたイデオロギーとして理解されることができる。つまり、林が見ている「記憶文化が民族主義的な英雄崇拝から犠牲者を神聖視する方向へ変わる現象」、あるいは「英雄主義的ナショナリズム」から「犠牲者意識ナショナリズム」へのナショナリズムの移動は、このような一九八〇年代以降の国民と国民国家の構造的な歴史的変化のなかで生じている一つの現象として捉えられるべきであろう。

このように考察するならば、歴史の舞台の主役が能動的犠牲者から受動的犠牲者に代わった歴史過程を、受動的犠牲者（Victim）の能動的犠牲者（Sacrifice）化と理解することはできないだろう。能動的犠牲には自ら犠牲を捧げる対象、林のいう「祖国や民族、解放、革命、平和、人権、民主主義といった大義」、本書でいう「目的《テロス》」が不可欠であるからだ。たとえば、林の著作と同様に拙著『転換する戦時暴力の記憶』も脱走兵の問題を取り上げているが、この問題がいま注目されている理由は、能動的犠牲の義務を回避したために侮蔑・処罰された脱走行為が、殺人者として加害者になることに抵抗した人道的行為として解釈転換されるようになったことにある。つまり、「祖国や民族」といった「大義／目的《テロス》」に犠牲を捧げるナショナリズムの原理に反する行動をとり、現在の時点でもナショナルな観点から能動的犠牲者に「昇華」できない受動的犠牲者が、いまや記念碑を建てられるまで評価されるようになった。たしかに、脱走兵が能動的犠牲者化されるロジックは存在する。脱走行為をナチ支配から祖国を解放しようとした「抵抗」概念で捉えることで、脱走兵は能動的犠牲者に「昇華」されうるからである。しかし脱走兵がそのような意識で行動していたわけではないし、現在においてもそのように行動していたと想定されていない。むしろ、ナショナリズムではなく、上述した国民形成の観点を持ち出すことで、この評価の転換は説明されるべきであると筆者は考える。つまり、このような能動的犠牲者に「昇華」できない受動的犠牲者は、世界史の主役が能動的犠牲者から受動的犠牲者に変わるという歴史観の転換とともに、国民形成のための歴史的モデルとして機能することで、現在の国民の正統性を保証することになったのである。

たしかに「七月二〇日の男たち」や「白バラ」は「大義／目的《テロス》」への能動的犠牲と関連づけられることは可能で、まさにそれゆえに八〇年代までこの歴史的主体は国民的な評価を受け、国民形成のモデルとなった。一方、G・エルザーや「エーデルヴァイス海賊団」はこのような犠牲とは無縁で、能動的犠牲者に「昇華」されえなかったからこそ、八〇年代に至るまでこの抵抗者は歴史的評価を受けることができなかった。しかし、「大義／目的《テロス》」への能動的犠牲の歴史的評価が低下することで後者の抵抗運動は、国民のモデルとして参入することが可能になり、前者の抵抗運動も新たなモデルの観点から再評価されたのである。同じことは八〇年代以降の「被追放者」にも、「性暴力犠牲者」にも当てはまる。この犠牲者はむしろ「大義のための犠牲者に昇華」される必要がなくなって初めて、その犠牲を語ることができ、モデルとしてその語りに耳が傾けられるようになったのである。ここでは、「大義／目的《テロス》」とは無関係に、受動的犠牲者であること自体にナショナルな価値が生じている。

以上のように「犠牲者」概念は、その不可欠な要因としての「加害者」概念と対峙されながら、国民形成のためのモデルとして機能してきた。その意味で戦後ドイツ国民は、「犠牲者」としてのナチ時代のドイツ国民を歴史的モデルとして国民を形成しながら戦後史を歩んでいたといえよう。それならば、戦後ドイツ国民がナチ時代の国民を「加害者」よりも、むしろ「犠牲者」として記憶し、この「犠牲者」を歴史的モデルとして国民を形成してきたという理由で「ナチ時代のドイツ国民は犠牲者であった」と結論づけてよいのだろうか。

これまで本書が提起してきた〈犠牲者の歴史政治学〉は、〈加害者vs犠牲者〉の二分法に基づいたこの結論の前提そのものが問わなければならないことを示している。ナチ時代のドイツ国民をいかなるカテゴリーで記憶すべきなのかという問題において、「加害者」の対概念である「犠牲者」の内部では「能動的犠牲者」と「受動的犠牲者」が重要性をつねに競い合っていたからである。もちろんその一方が他方を圧倒することはなく、この両概念はつねにヘゲモニー闘争をくり返してきた。つまり〈犠牲者の歴史政治学〉は、加害者に対峙されてきた犠牲者がどちらの意味で歴史的モデルとして使用されたのか、その歴史的事実を意識に入れておく必要があることを教示する。しかも、能動的犠牲者と受動的犠牲者も、さらには犠牲者と加害者でさえも二律背反の概念ではない。『転換する戦時暴力の記憶』や本書で考察したように、終戦後においてドイツ国民は祖国に能動的犠牲を捧げた限りで、ナチズムとそれが引き起こした戦争の受動的犠牲者と認められた一方で、能動的犠牲を拒否したと見なされた脱走兵や反ナチ亡命者、エルザーなどは受動的犠牲者の資格を与えられなかった。また、八〇年代以降になって受動的犠牲者の歴史的評価が高まったが、ホロコーストにおいて加害者であることを認めることがナチズムや戦争の空襲の受動的犠牲者であることの条件となった。ホロコーストを否定することは自らが受動的犠牲者であることの根拠を否定することになったからである。〈犠牲者の歴史政治学〉は、戦後ドイツ国民が「過去の克服」の優等生か否かといった国民の本質を判断する思考様式を疑問視する。この歴史政治学は国民をある本質を備えた「存在」としてではなく、闘争の結果として形成される「生成」として理解するからである。本書が、国民を既存のものとしてそのイデオロギーを問題とする「ナショナリズム」概念ではなく、「国民形成」概念を議論の骨格に据えているのはそのためである。したがって、「過去の克服」においてどの国民が優れているのか、劣っているのかという問いは、それぞれの国民は「過去の克服」を国民の形成過程のなかでどのように実現したのか、しなかったのかという問いに替えなければならない。つまり、私たちが評価の対象とすべきは国民よりも、むしろ国民形成のあり方なのである。このあり方を見極めるために、犠牲や加害の概念が社会的言説としてどのように歴史的に形成され、どのような意味内容を作り出し、どのように変容し続けているのか、このことが考察に含め入れられなければならない。「ナチ時代のドイツ国民は犠牲者だったのか」という問いに「正解」を出すことではなく、この問題をめぐって生産的に議論し、適切に判断を下していくためのツールが〈犠牲者の歴史政治学〉なのである。

国民モデルとして「受動的犠牲者」が主流となっている現在において、〈加害者－能動的犠牲者－受動的犠牲者〉のカテゴリーの関係が持つ重要性は、過去の歴史的判断だけに関わっているわけではない。〈犠牲者の歴史政治学〉が現在のアクチュアルな問題を考えるうえでも必要であることを示すために、ガザにおける軍事行動をめぐる問題を取り上げてみよう。

二〇二三年一〇月から現在（二四年一一月）まで、日々私たちがガザに関するニュースの映像として見ているのは、軍事力の圧倒的優位のもとで展開されているイスラエル軍のガザ攻撃であり、そこに映し出されているのはこの攻撃に立ち向かう勇猛なハマスの能動的犠牲者の姿ではなく、なすすべもなくその砲撃に命を奪われていくガザの一般市民、とくに女性と子供の受動的犠牲者の惨劇である。そのため日本の世論はガザ市民に同情的で、イスラエルに批判的な傾向にあり、南アフリカはガザ侵攻がジェノサイド防止条約に違反していると国際司法裁判所にイスラエルを訴え、裁判所もガザ攻撃に強い異議を唱え、対処を求めている。さらに二四年一一月には国際刑事裁判所はイスラエルのネタニヤフ首相に、前国防相とハマスの軍事部門の司令官とともに逮捕状を出し、彼を「加害者」、その行動を「犯罪」と見なした。これに対してネタニヤフ首相は、ハマスの攻撃こそがジェノサイドであると反論し、ガザ侵攻をユダヤ人国家の存在を脅かす「新たなナチス」への防衛戦争であると歴史的に正当化しているのである。アパルトヘイトの歴史に持ち、自らの手でその撤廃を勝ち取った南アフリカにとってイスラエルは加害国、ガザ市民はその受動的犠牲者と見えているのに対して、ホロコーストを建国神話とするイスラエルの首相にとって、ハマスは「新たなナチス」の加害者であり、自分たちはその受動的犠牲者となっているから、この危機に際して国民は能動的犠牲を捧げるべきであり、ガザ侵攻は正当な能動的犠牲行動として戦争犯罪には当たらないことになる。ガザを映し出している万華鏡は、〈白人による黒人に対する差別政策のアパルトヘイトの犠牲者〉から〈ヨーロッパのマイノリティによるマジョリティに対する絶滅政策のホロコーストの犠牲者〉へと傾きを変えると、〈加害者－能動的犠牲者－受動的犠牲者〉のそれぞれのカテゴリーのオブジェクトが作り出す鏡像をがらりと変えてしまう。

興味深いことに、ホロコーストの記憶の制度化を進めてきた欧米諸国も南アフリカの提訴に批判的であった。たとえば、ドイツのメディアはハマスの加害行為をより大きく取り上げており、ドイツ政府は全面的なイスラエル支持を表明し、ユダヤ人を守ることが「国是」であることを確認している。ワルシャワ・ゲットー蜂起のような能動的犠牲が払われることは少なく、加害国ドイツの受動的犠牲者となったのちに、国家を樹立し、その国家を存続させるために多くの能動的犠牲者を生み出してきたユダヤ人と、加害国としてユダヤ人の受動的犠牲者を大量に生み出し、その責任を八〇年間も問われ続けなければならなかったドイツ人が、万華鏡のなかで類似した鏡像を見ている。もちろんすべてのドイツ人が同じ鏡像を見ているわけではない。とくにイスラーム系の移民の多くは、民族的マイノリティとしての立場から、イスラエルの軍事行動にホロコーストの加害者の残像を見ている。このように、どのカテゴリーをどのような意味でモデルにして国民を解釈し、形成しようとするのか、その選択と比重の置き方によって、軍事紛争の判断と評価が変わってしまうのである。

このような現代の国際社会の問題においても、〈犠牲者の歴史政治学〉は、どちらの国や誰が正しく、どちらが非難されるべきかという問題に「正解」を引き出すこと自体を目的としているのではない。この政治学は八〇年代以降になって「受動的犠牲者」概念がグローバルに政治的重要性を帯びていることを認識しながら、この問題を歴史的視野から生産的に議論し、適切に判断を下していくためのディシプリンなのである。

3 〈犠牲者の歴史政治学〉と「私たち」

図表6-1は、第一次世界大戦の戦没者のために一九二〇年代にミュンヘンに建立された慰霊碑に収められた無名兵士像である。「無名」なのだから、彼が誰なのかわからない。でも、その兵士がドイツ国民であることは誰もが了解している。ドイツの戦没者慰霊碑のなかにドイツ国民以外の誰かが眠ることなど許されない。そこにはドイツ人のAさんやBさん、Cさんが横たわっているのではなく、「国民」が永遠の眠りについている。多くの兵士は国外の戦場で没し、そこに埋葬されたかもしれないが、この「国民」の霊屋はドイツ以外のどこにもありえない。抱きかかえている銃を彼は敵国に向けていたが、敵を殺すこと自体が彼の目的ではない。彼はこの銃を用いて祖国のために戦い、敵国が向けた銃によって命を落とした。彼はけっして脱走などせず、勇敢に戦って犠牲を捧げ、戦後は

旧敵国の元首でさえ献花で敬意を表する英霊となった。たとえこれらのことが多くの戦没兵士の歴史的現実とは食い違っていても、この無名戦士像はそのように自らの存在を物語っている。

図表6-2はベルリンのミッテ区に二〇二〇年九月に「従軍慰安婦」像として除幕された「平和の少女像」である。この少女像は、一九九二年に「慰安婦」たちの人権と名誉を回復するために始まった日本大使館前での「水曜デモ」が二〇一一年に一〇〇〇回目を迎えたときに設置されたが、その後も韓国各地に数多く建立され、いまやベルリンの像のように国境を越えて広がっている。「少女」はチマチョゴリを身に着けているから、韓国・朝鮮人であることはわかる。しかし、特定の国家が性暴力の制度に関わっていたとしても、その犠牲者が特定の国民であるとは限らない。だから能動的犠牲者の無名兵士象の場合とは異なり、そこには韓国国民のAさんやBさん、Cさんではなく、「韓国国民」が座っているのだ、とは断言できない。この少女は

図表6-1

図表6-2

国籍とは無関係に性暴力の犠牲になってしまった、あるいは犠牲になる可能性のある「無名」の女性でもありうる。また、悲しいことに戦争にはつねに性暴力が付きまとう。戦時性暴力の加害者をもたない戦争当事国はむしろ珍しく、もちろん日本やドイツも、戦勝国のアメリカもソ連も無辜ではなく、韓国もまたその加害者を歴史のなかに抱えている国である。能動的犠牲者には国境は閉じられているが、受動的犠牲者の国籍には制限がない。だからこの少女像は「無名」の性暴力犠牲者が加害者を訴えるグローバルな警告碑でもありえる。この「少女」に寄り添うために設けられた椅子は――二〇一九年の「あいちトリエンナーレ」の「表現の不自由展・その後」に展示された「平和の少女像」に多くの日本人が腰を下ろしているように――特定の国民の特等席ではなく、連帯を示そうとする者ならば誰もが座ることができる。「少女」は「#MeToo」とグローバルに叫び始めた女性たちの歴史的モデルでもありうる。「平和の少女像」が建立され始めた当時、そのような理念が前面に押し出され、実際に「水曜デモ」には韓国の米軍基地の「慰安婦」や、韓国軍によるヴェトナム戦争での虐殺・レイプ事件の生存者も参加している。

だから「平和の少女像」は韓国にとどまらず、ドイツにも建立され、世界のどこにも出現しうる。身体はともかく、魂が外国を居場所にすることが原則的にありえない無名戦没兵士とは大違いだ。この「少女像」は国籍を超えた普遍的な受動的犠牲者を表象する潜在 - 可能性を秘めているからだ。

しかし韓国の多くの人びとにとって、「少女」は韓国人以外の誰でもない。韓国人の少女が犠牲者としてそこに座っている。彼女は眼を見開き、じっと加害者を見つめているが、その視線の先にいるのが日本人男性とその国家であることが前提とされている。もちろん特定の国家の性暴力制度を糾弾し、その制度に関わった国民を戒めることは許されるし、むしろ正当な行為である。しかも、「従軍慰安婦」たちは性暴力の被害者であるだけではなく、植民地支配による民族差別の犠牲者でもある。しかし、性暴力の犠牲者と加害者が国民の帰属の範疇で区分され、両者がそれぞれ国民を表象＝代表するようになると、この性暴力は女性の尊厳や自由、「平和」の問題ではなく、国民の矜持の問題となっていく。「少女」と現実の「慰安婦」たちは、日本人の加害の過去を世界に知らしめて、韓国人を「犠牲者国民」に立ち上げるナショナリズムのための手段と化してしまいかねない。

「平和の少女像」を「従軍慰安婦像」と呼んでいる日本でも、国民の多くはその視線を向けているのが無国籍の性暴力犠牲者ではなく、韓国国民であると見ている。そしてけっして少なくない日本国民がその視線に不快感や屈辱感を覚えている。それは、特定の加害者ではなく、日本国民が訴えられ、日本人が「加害者国民」と非難されていると感じているからだろう。その訴えを受け入れることは国民としてのプライドに関わる問題とされ、自虐的だと糾弾されている。「少女像」は日本国民に対する政治的プロパガンダにほかならず、その国外への広がりは反日政策の拡大であると理解される。このような見方のなかでは、女性に対する性暴力の問題はすでに視野から消えている。国民を単位に性暴力を捉えていく発想のもとで、日韓両国の一部の人びとはこうして似通っていく。ナショナリストは同じ顔をしていがみ合うものだ。

「少女」は「無名戦没兵士」のように武器を持っておらず、加害者に対して暴力を行使できるほどの心身を備えていない。彼女は韓国統監府の初代統監の伊藤博文を狙撃し、植民地支配の暴力に対して「神的暴力」(W・ベンヤミン)を行使した安重根とはまったく異なるタイプの犠牲者だ。それなのにこの「少女」の視線を侮辱的であると感じている人びとは、その姿に過敏なほどおびえている。「金儲け」を目的にした「売春婦」といった「従軍慰安婦」に対する激しい誹謗中傷は、この感情の裏返しの表現だ。この非暴力が暴力として襲いかかっているかのように、なぜこんなにおびえているのだろう。世界史の主役が転換して、感受性に変化が生じたからだと〈犠牲者の歴史政治学〉は教えてくれる。つまり、「少女」が畏れられているのは、その犠牲が能動的であるからではなく、まさに受動的だからである。「少女」像に怒りを感じる者たちは彼女の受動性とその威力にビビっている。「表現の不自由展・その後」に抗議の声だけではなく、テロ予告や脅迫まで送りつけ、結果としてその中止をもたらしたのは、まさにこのビビリであった。

拙著『転換する戦時暴力の記憶』で論じたこうの史代の漫画『この世界の片隅に』はまったく絶妙なタイミングで登場したものだと思う。二人の登場人物、「北條すず」と「白木リン」。すずは戦時体制に貢献しようと健気(能動的)に生きようとするが、「こまい」身体の持ち主であり、絵を描くこと以外に何の才能もなく、右手を空襲で失ってしまう受動的犠牲者。リンは貧困から身売りされ、軍港の呉の女郎屋で主に日本軍兵士を相手にするいわば「慰安婦」で、空襲で遊郭街が焼失した後に物語から消えていく受動的犠牲者。二〇一一年から韓国国内、そして国外にも建立されて広がった「平和の少女の像」が韓国で国民形成のモデルになったように、二〇〇九年にコミック単行本三巻が売り出され、一一年にテレビ・ドラマ化、一六年にアニメ映画化、二四年にミュージカル化された『この世界の片隅に』の二人の受動的犠牲者は、その役割を二〇〇〇年代後半以降の日本で果たしているように思われる。

『この世界の片隅に』の漫画は英仏独語版が出版されているだけではなく、韓国やヴェトナムでも翻訳されている。この漫画の「万華鏡」はそれぞれの言語ヴァージョンでそれぞれの鏡像を映し出しているのだろう。しかし、無国籍の存在になりえる「平和の少女の像」のような普遍性を「すず」も「リン」も持ち合わせていない。「少女の像」にはあって、この二人にはないもの、それはホロコーストを歴史的モデルにしてグローバルに形成されていった受動的犠牲者のアウラである。だから「すず／リン」は「無名兵士像」のように内向きにならざるを得ない。その意味でもこの漫画・アニメの女性たちは現在の国民を表象＝代弁しているようだ。そして、グルーバルに広がっている「平和の少女像」は国際舞台に活躍の場を切り拓いている韓国国民の歴史的モデルになっているといえるのかもしれない。

私たちの歴史的モデルは「無名戦士」なのか、「少女」なのか、「すず」なのか、それとも……。一つの国民に属していれば、一つの国民モデルを選択しなければならないなどと〈犠牲者の歴史政治学〉はけっして主張しない。一つの国民はたえず内部でヘゲモニー闘争を行っていることをこの歴史政治学は教えているからだ。「犠牲者」であることが私たちの世界に投げかけている問題、「犠牲者」

概念が私たちに引き起こしている問題、「犠牲者」言説をめぐって引き起こされている問題——これらはすべて「私たち」とは誰かという問題につながっているが、〈犠牲者の歴史政治学〉は「私たち」が誰なのかを確定するためにあるのではない。「犠牲者」概念が政治的に構成され、それゆえに変化してきた歴史的過程を究明するこの歴史政治学は、「犠牲者」の構成と変化に伴って「私たち」も構成され、変化していくことを解き明かす知なのである。

日本国民は、唯一の被爆国の国民としてアメリカの犠牲者なのか、パールハーバーの正当な報復を受けただけなのか。加害者のレッテルを貼り付けた東京裁判の犠牲者なのか。北方領土を奪って返還しようとしないロシアの犠牲者なのか。沖縄を本土防衛のために犠牲にしたのか。いまなお米軍基地などの軍事負担の重圧で苦しめて沖縄を犠牲にしているのか。優生保護法で生殖能力を奪われた人たちは誰の犠牲者だったのか、国か、法律を制定した政治家か、それともその政治家を選んだ日本国民か。あるいはこの法律が前提としていたように、不妊手術を強行しなければ、日本国民が犠牲になっていたのか。フクシマの原発事故で放射能を振りまかれ、避難を余儀なくされた人びとは誰の犠牲者になったのか、東京電力か、日本政府か、電力を使用していた関東圏の住民か、それとも利益を享受していたのだから地域住民も犠牲者とは呼べないのか。犯罪者は社会の犠牲者なのか、それなら犯罪者を罰することよりも、社会を改革することを優先すべきなのか。それとも社会が犯罪者の犠牲者なのか、それなら被害者と遺族の感情に配慮して犯罪者を厳罰に処すべきなのか。誰が、どのような場合にハラスメントの犠牲者と見なされるのか。マイノリティはつねにマジョリティの犠牲者なのか、むしろマジョリティがマイノリティの犠牲者になっているのか。あるいは将来において、日本国民はかつて日本帝国の犠牲者だった中国の勢力拡大や北朝鮮のミサイル攻撃の犠牲者になってしまうのか。外国人や移民が入ってきたならその犯罪の犠牲者になってしまうのか。次世代は二酸化炭素と核のゴミを放出してきた世代の犠牲者になるのか。以上の犠牲者たちはどのような意味で犠牲者なのか。誰がどのような意味で加害者であり、どのように責任をとるのか。

現代社会において、「誰か」であるために私たちは「犠牲者」の問題に突き当たらずをえない。〈犠牲者の歴史政治学〉はこの問題を扱うときの取扱書である。「犠牲者」の取り扱いを間違い、危険で不毛な議論に陥らないための注意書きがそこには書かれている。どの取扱書が有益で、どれが悪質なものなのか、それは使用者によって判断され、取捨選択されるしかない。ただ、「暴力」なしに犠牲者も加害者もありえないのだから、この「暴力」を問題とせずに犠牲者を論じる取扱書、あるいは「暴力」なき世界の構築を目的としない、それどころか「暴力」を助長する取扱書は悪書でしかありえない。〈犠牲者の歴史政治学〉は、私たちが「誰か」として帰属している国民や市民、地位・身分、性といった範疇が形成される根源に「暴力」を見出し、この「暴力」を根本的に問い直すという課題をつねに意識しなければならないことを説く学問なのである。

あとがき

拙著『ホロコーストと戦後ドイツ』（二〇一七年）から数えて『時間／空間の戦後ドイツ史』（一八年）、『反ユダヤ主義と「過去の克服」』（二三年）、『転換する戦時暴力の記憶』（二四年）を経て、本書は五冊目の単著となった。研究仲間からは「多産だね」と口では褒められているが、内心ではあきれ返られているようだ。しかしすべてに目を通していただければ、手を替え品を替え、重複も加えながらすべて同じテーマに取り組んでいるにすぎないことを納得していただけるだろう。そのテーマとは、ポストモダンなどと呼ばれて久しい現代社会がこれまでの近代とは異なる新しい質をもった状況に突入し、これまでとは異なる課題に直面し、新たな解決の道を選ばなければならなくなったという仮定のもとに、このような現代社会の歴史的位相を分析していくというものだ。イギリスの社会学者、A・ギデンズは「近代とはいかなる時代か」を問うたが、自分は「現代とはいかなる時代か」という問題にチャレンジしてみたいと思ったのである。

ほぼ三五年前のドイツ留学がそのようなことを考える契機となった。緑の党が連邦議会に進出してからまだ数年しか経っていない若き政党で、極右政党はベルリンの市議会選挙で議席を獲得して台頭し始めていた時期に留学生活を送ったが、この当時のドイツでは、環境問題と難民・外国人問題がそのころの日本では考えられないほど深刻な政治・社会問題として受け取られていたことを実感した。そして東独革命とドイツ統一を実体験することになり、政治の変動のスピードと規模に驚いた。そのため図書館に通うよりも、政治集会や東独・東欧旅行のために時間を使うことを優先し、友人や学友たちに拙いドイツ語で議論を吹っかける日々を過ごすことになった。このような日本とは異なる状況を目にして、留学前に考えていた研究テーマを捨ててしまい、ドイツ現代社会を歴史的に解明するという身のほど知らずの試みを始めることになった。そしてその試みを帰国から数年後の一九九七年に「再帰的近代化」という概念を用いて単著『再帰化する近代——ドイツ現代史試論』でまとめ、「現代社会論」の大風呂敷を広げたのである。

だから私は三十数年前から同じテーマをずっと追求してきたことになる。しかしその後は「再帰的近代化」概念を封印した。この概念を使うと何を分析してもすべて金太郎飴のように同じ結論のくり返しになるように思え、また現代社会も新たに変容を遂げていったために、別のアプローチが必要となったからだ。そして、デビュー作から二〇年間にわたって考えてきたことを二〇一七年以後の五冊の単著のなかで展開することになった。「再帰的近代化」に代わって「記憶」や「時間／空間変容」「フランス革命モデル／ホロコースト・モデル」「国権／人権」「国民形成」「日々の国民闘争」などのキータームを使いながら、三十数年前に立てたテーマを追い続けてきた。そして本書が中心概念として取り上げたのが「能動的／受動的犠牲者」である。この概念はすでに九七年の単著からくり返し使用しているが、今回は現代社会を読み解くための論理として、「能動的犠牲者」から「受動的犠牲者」への価値基準の歴史的転換を説く〈犠牲者の歴史政治学〉を提唱した。

このような価値転換を示す事例は日本でも容易に見出せるであろう。一九六八年の永山則夫連続射殺事件を題材した新藤兼人監督の一九七〇年の作品『裸の十九才』を学生時代に観たが、犯罪の社会性を問い、殺人犯を主人公に据えたこの映画では、たまたま居合わせたために彼の銃弾の犠牲となった被害者には感情移入はされずに、そっけなく殺されている（と私は記憶している）が、現在ではこのような映画の制作は困難だろう。犠牲者言説の価値転換をもたらした要因の一つは一九九九年の光市母子殺害事件だったのではないかと思う。周知のように、両親の暴行と母親の自殺という劣悪な家庭環境のなかで育った一八歳の犯人を被告とするその裁判が行われるなか、被害者の夫・父親の本村洋は被害者軽視の裁判のあり方と無期懲役の判決に異議を申し立て、頻繁にメディアで発言を行い、「犯罪被害者の会」をともに立ち上げ、死刑判決を求めた。永山と同じく犯行当時は未成年であり、犯行に社会性も認められていたが、この被告には最終的に死刑判決が下されている。本書の概念を用いれば、無意識ではあるが、社会の不正を訴えて能動的犠牲者になった「永山」から受動的犠牲者の権利を訴える「本村」へと、三〇年のあいだに事件と裁判の主人公は移り変わった。今では、どんな劣悪な家庭のなかで育ち、社会の不条理な渦に巻き込まれたとしても犯行の原因は、そのような者がすべて犯罪に手を染めているわけではないという理屈で、個人の資質に求められ、「被害者ファースト」の対応をとることが優先されるようになった。長く問題視されずにいたさまざまなハラスメントに対して訴える犠牲者たちの声が――今では巨大テレビ局の屋台骨を揺るがす事態にまで――大きく、頻繁になっていることも類似の現象として理解できよう。誤解しないでほしいが、私はこれらのことを否定的に言っているわけではない。マイノリティの権利は着実に守られつつあるのだから。

もちろん、このような現象は政治的にも見聞される。本書でも取り上げたが、保守と革新の論客のあいだで激しい論争が展開され、外交問題にまで進展した「従軍慰安婦」問題がまさにそうである。沖縄が戦争と占領の受動的犠牲者として「オール沖縄」で声を上げることができるようになったことも犠牲者言説の価値転換なしには不可能であっただろう。ただし、日本ではこの価値転換に伴う政治の変動はドイツほど明確なものではないことは、本書を読んでいただければすぐに理解していただけるだろう。しかも欧米でこの変動は右翼ポピュリズムによる反転攻勢という新たな政治状況を生み出している。たしかにこの反転攻勢の萌芽は一九九〇年代から極右政党の台頭という形で見られていたが、現在ではこの種の政党はヨーロッパの政党政治のなかで一翼を担うようになり、この政党と類似した政策を掲げる人物がいまやアメリカ大統領の執務室に陣取っている。このことを詳細に説明する紙面上の余裕はないが、エコロジーや多様性を尊重する文化的リベラリズムの「左」(たとえばハリス的民主党やドイツの緑の党)への対抗として右翼ポピュリズム(トランプ的共和党やドイツのための選択肢)が台頭し、これによって現代の主要な政治的対立軸が欧米では確立しつつあるという仮説を立ててみよう。すると、日本では犠牲者言説に見られるような価値転換による政治的変動が欧米ほど見られないのは、右翼ポピュリズム勢力が攻勢をかける「左」の勢力が政治的に確立していないために、新たな政治的左右軸が構成されていないことに起因していることになる。何でも欧米の真似をすればいいとはさらさら思っていないが、〈犠牲者の歴史政治学〉を提唱した本書が現在の日本の政治状況を再検討する契機になってくれれば、これほどうれしいことはない。

本書は第2章の4において「敗北の『抱きしめ』方――ドイツと日本」(『立命館言語文化研究』19⑴、二〇〇七年)の文章の一部を重複させているが、それ以外はすべて書下ろしである。

本書の刊行の承諾を導いてくれた白水社の藤波健さん、編集を担当していただいた阿部唯史さんにはこの場を借りて深くお礼を申し上げたい。創業一一〇年の老舗出版社が上梓する書籍の著者の一人になれたことは本当に光栄である。

私事だが、息子の岬生がこの春から高校に通うことになったので、本書を私からの入学祝にしたい。土曜の朝に再放送されるNHKのバラエティー番組に研究者として出演することを熱望され、尊敬される親でありたいと思うのだが、寝転んで本を読み、パソコンの前でキーボードをたたく「地味」な仕事しかせず、「アー」とか「ンガー」とか喧しく奇声を発し、夜はいつまでもテレビを見ながら酒を飲み、親爺ギャグはつまらなく、おならは臭くて、イビキはうるさく、すぐに拗ねるという煩わしい存在になってしまったから、そんな祝いなんかいらないと言うだろう。でも、本書で私の別の一面を少しだけでも覗き見してくれたらうれしい。太宰治のように桜桃を食べては種を吐き出し続けて「子供より親が大事」と呟きながら、また頑張るつもりだ。

二〇二五年二月

京都・太秦にて

トランプがパレスティナ人の「強制移住」を提案したニュースを見ながら。

筆者

ナチ時代のドイツ国民も「犠牲者」だったのか
犠牲者の歴史政治学

二〇二五年 四 月一五日 印刷
二〇二五年 五 月 五 日 発行

著 者 © 高 橋 秀 寿
装 幀 日 下 充 典
組 版 閏 月 社
発行者 岩 堀 雅 己
印刷所 株式会社 理 想 社
発行所 株式会社 白 水 社

東京都千代田区神田小川町三の二四
電話 営業部〇三（三二九一）七八一一
編集部〇三（三二九一）七八二一
振替 〇〇一九〇-五-三三二二八
郵便番号 一〇一-〇〇五二
www.hakusuisha.co.jp
乱丁・落丁本は、送料小社負担にて
お取り替えいたします。

株式会社松岳社

ISBN978-4-560-09162-3
Printed in Japan

著者◆

高橋秀寿
（たかはし・ひでとし）

1957年生まれ。立命館大学大学院文学研究科博士課程後期単位取得退学。文学博士。

立命館大学文学部特任教授。専門はドイツ現代史・現代社会論。

著書に『再帰化する近代——ドイツ現代史試論』（国際書院）、

『ホロコーストと戦後ドイツ——表象・物語・主体』

『転換する戦時暴力の記憶——戦後ドイツと〈想起の政治学〉』（以上、岩波書店）、

『時間／空間の戦後ドイツ史——いかに「ひとつの国民」は形成されたのか』（ミネルヴァ書房）、

『反ユダヤ主義と「過去の克服」——戦後ドイツ国民はユダヤ人とどう向き合ったのか』

（人文書院）がある。

事項索引

た行

な行

は行

や行

わ行

人名索引

注

序章

(1) Anna J. Merritt / Richard L. Merritt, *Public Opinion in Semisovereign Germany. The HICOG Surveys, 1949-1955*, Urbana, Chicago 1980, S. 147.

(2) Elisabeth Noelle / Erich Peter Neumann (Hg.), *Jahrbuch der öffentlichen Meinung 1957*, Band 2. 1957., S. 218.

(3) この「ホーマン事件」に関しては、拙著『反ユダヤ主義と「過去の克服」』人文書院、2023年、239-247頁を参照。

(4) Lars Breuer, *Kommunikative Erinnerung in Deutschland und Polen. Täter- und Opferbilder in Gesprächen über den Zweiten Weltkrieg*, Wiesbaden 2015, S. 142.

(5) Georg Wilhelm Friedrich Hegel, *Vorlesungen über die Philosophie der Weltgeschichte*, Berlin 1822/1823, Hamburg, 1996. (Vorlesungen: ausgewählte Nachschriften und Manuskripte / Georg Wilhelm Friedrich Hegel Bd. 12//b ; Bd. 12), S. 49.（ヘーゲル『歴史哲学講義（上）』長谷川宏訳、岩波文庫、1994年、63頁。）

(6) 拙著『転換する戦時暴力の記憶――戦後ドイツと〈想起の政治学〉』岩波書店、2024年、48-56頁、131-135頁。

(7) Jörg Friedrich, *Der Brand. Deutschland im Bombenkrieg 1940-1945*, München 2002.（イェルク・フリードリヒ『ドイツを焼いた戦略爆撃 1940-1945』香月恵里訳、みすず書房、2011年）

第1章◆反ナチ抵抗犠牲者とその戦後

(1) この事件に関しては邦語で読める文献が多く存在する。小林正文『ヒトラー暗殺計画』中公新書、1984年。山下公子『ヒトラー暗殺計画と抵抗運動』講談社選書メチエ、1997年。ロジャー・ムーアハウス『ヒトラー暗殺』高儀進訳、白水社、2007年、第七章。グイド・クノップ『ドキュメント　ヒトラー暗殺計画』高木玲訳、原書房、2008年。ヴィル・ベルトルト『ヒトラー暗殺計画・42』田村光彰・志村恵ほか訳、社会評論社、2015年、對馬達雄『ヒトラーに抵抗した人々』中公新書、2015年、第三章の3。

(2) https://en.wikipedia.org/wiki/Claus_von_Stauffenberg#/media/File:Bundesarchiv_Bild_146-1984-079-02,_F%C3%BChrerhauptquartier,_Stauffenberg,_Hitler,_Keitel.jpg（最終閲覧2025年3月18日）

(3) シュタウフェンベルクらの遺体ものちに焼却され、遺灰は畑にまかれた。

(4) Hans-Adolf Jacobsen (Hg.), *"Spiegelbild einer Verschwörung." Die Opposition gegen Hitler und der Staatsstreich vom 20. Juli 1944 in der SD-Berichterstattung. Geheime Dokumente aus dem ehemaligen Reichssicherheitshauptamt*, Stuttgart 1984.
(5) Ibid., S. 1.
(6) Ibid., S. 3, 608.
(7) Ibid., S. 9.
(8) Ibid., S. 625.
(9) Ibid., S. 1.
(10) Ibid., S. 4.
(11) Ibid., S. 6
(12) Ibid., S. 10
(13) Ibid., S. 2.
(14) Ibid., S. 9.
(15) Ibid., S. 10, 193.
(16) Ibid., S. 193.
(17) Ibid., S. 7.
(18) Ibid. S. 2.
(19) Ibid., S. 629.
(20) Ibid., S. 626.
(21) Ibid., S. 615.
(22) Ibid., S. 2.
(23) Ibid., S. 2
(24) Ibid., S. 4.
(25) Ibid., S. 9.
(26) Ibid., S. 2.
(27) Ibid., S.6, 10, 621, 626, 629.
(28) Ibid., S. 6.
(29) Ibid., S. 8f.
(30) Elisabeth Noelle / Erich Peter Neumann (Hg.), *Jahrbuch der öffentlichen Meinung 1947-1955*, Band 1, 1956, S. 138.
(31) Ibid., S. 138.
(32) Ibid., S. 137.
(33) Ibid., S. 138
(34) Ibid., S. 138
(35) Vgl., Lothar Kettenacker: Die Haltung der Westalliierten gegenüber Hitlerattentat und Widerstand nach dem 20. Juli, in: Gerd R. Ueberschär (Hg.), *Der 20. Juli 1944. Das >andere Deutschland< in der Vergangenheitspolitik*, Berlin 1998.
(36) Peter Reichel, *Vergangenheitsbewältigung in Deutschland. Die Auseinandersetzung mit der NS-Diktatur von 1945 bis heute*, München 2001（ピーター・ライヒェル『ドイツ 過去の克服』小川保博・芝野由和訳、八朔社、2006年）の5を参照。さらにNorbert Frei, *Vergangenheitspolitik. Die Anfänge der Bundesrepublik und die NS-Vergangenheit*, München 1999, S. 347ff.
(37) 筆者撮影。以下も、出典を明示していない建造物・記念碑などの写真は筆者が撮影。
(38) *Gedenkstätten für die Opfer des Nationalsozialismus*. Band Ⅱ. Eine Dokumentation. 2., überarbeitete und erweiterte Auflage, 1999, Bonn, S.179-181. Stefanie Endlich / Thomas

Lutz, *Gedenken und Lernen an historischen Orten*, Berlin 1995, S.33-38.

(39) Vgl., Peter Steinbach, Widerstand im Dritten Reich – die Keimzelle der Nachkriegsdemokratie? in: Ueberschär, (Hg.), *Der 20. Juli*, 1994.

(40) Vgl., Martin Damus, Die Vergegenständlichung bürgerlicher Wertvorstellungen in der Denkmalplastik. Das Denkmal zur Erinnerung an den 20. Juli 1944 von Richard Scheibe in Berlin – der nackte Jüngling als Symbolfigur für den Widerstand. in: *Kunst und Unterricht* / Sonderheft, 1974.ちなみに、この写真は近年のもので、当時この像は台座の上に据えられていた。

(41)「七月二〇日」の映画化に関しては、Vgl., Eberhard Görner, Der 20. Juli im deutschen Film, in: *Aus Politik und Zeitgeschichte* B27 / 2004. この二つの映画とその評価に関しては、Vgl., Zweimal 20. Juli, in: *Die Zeit* vom 30. 6. 1955. Mit Quickie-Methoden, in: *Der Spiegel* vom 29. 6. 1955.

(42)「七月二〇日」の記憶と追悼に関しては、Peter Steinbach, Widerstand im Dritten Reich – die Keimzelle der Nachkriegsdemokratie? Die Auseinandersetzung mit dem Widerstand in der historischen politischen Bildungsarbeit, in den Medien und in der öffentlichen Meinung nach 1945, in: Gerd R. Ueberschär (Hg.), *Der 20. Juli. Das >Andere Deutschland< in der Vergangenheitspolitik*, Berlin 1998. Peter Steinbach, Zur Mythologie der Nachkriegszeit. Die NS-Wehrmacht als ‚Zelle des Widerstands' und als Fluchtpunkt der ‚inneren Emigration', in: Michael Th. Greven / Oliber von Wrochem (Hg.), *Der Krieg in der Nachkriegszeit. Die Zweite Weltkrieg in Politik und Gesellschaft der Bundesrepublik*, Opladen 2000. Peter Steinbach, Widerstandsdiskussionen und Widerstandsforschung im Spannungsfeld politischer Entwicklungen, in: ders. *Widerstand im Widerstreit. Der Widerstand gegen den Nationalsozialismus in der Erinnerung der Deutschen*. Ausgewählte Studien, 2., wesentlich erweiterte Auflage, Paderborn / München / Wien / Zürich 2001.

(43) https://www.ruhrakademie.de/nachruf-auf-prof-gerd-aretz/（最終閲覧2025年3月18日）

(44) すでに日本で多くの研究書と翻訳書が出ている。クリスチャン・ペトリ『白バラ抵抗運動の記録』関楠生訳、未来社、1984年。ハンス・ショル、ソフィー・ショル『白バラの声——ショル兄妹の手紙』山下公子訳、新曜社、1985年。山下公子『ミュンヘンの白いばら——ヒトラーに抗した若者たち』筑摩書房、1988年。関楠生『「白バラ」——反ナチ抵抗運動の学生たち』清水書院、1995年。

(45) https://www.br.de/radio/bayern2/sendungen/radiowissen/geschichte/geschwister-scholl-106.html（最終閲覧2025年3月18日）

(46) Heinz Boberach, (Hg.), *Meldungen aus dem Reich, 1938-1945. Die geheime Lagerberichte des Sicherheitsdienstes des SS 1938-1945*, Bd. 13, Hersching 1984, S. 4943.

(47) 拙著『転換する戦時暴力の記憶』岩波書店、2024年、31-32頁。

(48) Gerd R. Ueberschär, Wahrnehmung und Einschätzung des Widerstandskreises Weiße Rose vom Frühjahr 1943 bis zum Kriegsende 1945, in: Ulrich Chaussy / Gerd R. Ueberschär, *Es lebe die Freiheit! Die Geschichte der Weißen Rose und ihrer Mitglieder in Dokumenten und Berichten*, Frankfurt am Main 2013, S. 505f.

(49) Ibid., 512f.

(50)「白バラ」の戦後における評価と追悼に関しては以下を参照。Peter Steinbach / Johannes Tuchel, Von „Helden" und „halben Heiligen". Darstellungen und Wahrnehmungen der Weißen Rose 1943 bis 1948, in: Michael Kißener / Bernhard Schäfers (Hg.), *„Weitertragen". Studien zur „Weißen Rose". Festschrift für Anneliese Knoop-Graf zum 80. Geburtstag*, Konstanz 2001. Bernhard Schäfers, Zur Bedeutung der Weißen Rose für die Jugend nach 1945, in:

Ibid. Wilfried Breyvogel, Die Gruppe „Weiße Rose“. Anmerkungen zur Rezeptionsgeschichte und kritischen Rekonstruktion, in: Wilfried Breyvogel (Hg.), *Piraten, Swings / Jynge Garde. Jugendwiderstand im Nationalsozialismus*, Bonn 1991.

(51) *Süddeutsche Zeitung*（以下*SZ*と略）vom 23. 10. 1945.

(52) Romano Guardini, *Die Waage des Daseins. Rede zum Gedächtnis von Sophie und Hans Scholl, Christoph Prost, Alexander Schmorell, Willi Graf und Prof. Dr. Huber*, Tübingen 1946, S. 14.

(53) *SZ* vom 1. 11. 1946.

(54) 日本では『白薔薇は散らず——ドイツの良心ショル兄妹』の邦題で1955年に、その改訳版が「薔薇」をカタカナに代えて1964年に刊行されている。

(55) Hans-Jochen Markmann, Der 20. Juli 1944 und der deutsche Widerstand gegen den Nationalsozialismus in den Schulbüchern beider deutscher Staaten, in: Gerd R. Ueberschär (Hg.), *Der 20. Juli. Das >andere Deutschland< in der Vergangenheitspolitik*, Berlin 1998, S. 182f.

(56) Vgl., „Nachts kommt das KZ zurück“, in: *Der Spiegel* vom 26. 3. 1979. Nirgends große Sünder, in: *Die Zeit* vom 12. 5. 1978.

(57) Stauffenberg Wehner und der 20. Juli, in: *Die Zeit* vom 4. 8. 1978.

(58) Widerstand: Kein Privileg der Rechten, in: *Die Zeit* vom 23. 7. 1978.

(59) Fritz Sänger, Stauffenberg: Auch mit der KP, in: *Die Zeit* vom 18. 8. 1978.

(60) この事件とその戦後に関しては以下を参照。Wolfram Selig, Bürgerbräu-Attentat, in; Wolfgang Benz / Walter H. Pehle (Hg.), *Lexikon des deutschen Widerstandes*, Frankfurt am Main 1994. Peter Steinbach, Johann Georg Elser: Der einsame Attentäter, in; ders. *Widerstand im Widerstreit. Der Widerstand gegen den Nationalsozialismus in der Erinnerung der Deutschen*, 2., wesentlich erweiterte Auflage, Paderborn / München / Wien / Zürich 2001. Ulrich Renz, Der mühsame Weg zum Ruhm. Georg Elser – lange vergessener und diffamierter Widerstandskämpfer, in; Johannes Tuchel (Hg.), *Der vergessene Widerstand. Zu Realgeschichte und Wahrnehmung des Kampfes gegen die NS-Dikta*tur, Göttingen 2005. Peter Steinbach / Johannes Tuchel, *Georg Elser. Der Hitler-Attentäter*, Berlin 2010. 邦語では、ヴィル・ベルトルト『ヒトラー暗殺計画・42』田村光彰・志村恵ほか訳、社会評論社、2015年、第８章。ヘルムート・オルトナー『ヒトラー爆殺未遂事件1939——「イデオロギーなき」暗殺者ゲオルク・エルザー』須藤正美訳、白水社、2022年。對馬達雄『ヒトラーに抵抗した人々』中公新書、2015年、第三章の2。ロジャー・ムーアハウス『ヒトラー暗殺』高儀進訳、白水社、2007年、第二章。田村光彰『抵抗者——ゲオルク・エルザーと尹奉吉』三一書房、2019年。

(61) *SZ* vom 22. 2. 1946.

(62) Steinbach / Tuchel, *Georg Elser*, S.143.

(63) https://www.deutsche-digitale-bibliothek.de/item/LENPVD6KNEGTFD5JKOLUTYHNSM5AV46X（最終閲覧2025年3月18日）

(64) *Der Spiegel* vom 5. 1. 1950, S. 25.

(65) Renz, Der Mühsame Weg, S. 176.

(66) Elisabeth Noelle-Neumann / Renate Köcher (Hg.), *Allensbacher Jahrbuch der Demoskopie 1984 - 1992*, Band 9, 1993, S. 381, Elisabeth Noelle-Neumann / Renate Köcher (Hg.), *Allensbacher Jahrbuch der Demoskopie 1993–1997*, Band 10, 1997, S. 515.

(67) 注61と同じ。

(68) 戦後西ドイツにおける亡命者問題に関しては、Hans Georg Lehmann, *In Acht und Bann. Politische Emigration, NS-Ausbürgerung und Wiedergutmachung am Beispiel Willy Brandts*,

München 1976. Jan Foitzik, Die Malaise des Widerstandes. Im Spannungsfeld zwischen Mißtrauen, Ablehnung und Verdächtigung, in: *Tribüne*, Jg.24, 1985. Claus-Dieter Krohn, Einleitung: Remigration in der westdeutschen Nachkriegsgesellschaft, in: Claus-Dieter Krohn / Patrik von zur Mühlen, (Hg.), *Rückkehr und Aufbau nach 1945. Deutsche Remigranten im öffentlichen Leben Nachkriegsdeutschlands*, Marburg 1997. Hans Georg Lehmann, Rückkehr nach Deutschland? Motive, Hindernisse und Wege von Emigranten, in: Krohn / von zur Mühlen, (Hg.), *Rückkehr und Aufbau nach 1945.*

(69) 以下の亡命者の区分と亡命者数に関しては、Claus-Dieter Krohn et al.(Hg.), *Handbuch der deutschsprachigen Emigration 1933-1945*, Darmstadt 1998, S. 5-46.

(70) 拙著『反ユダヤ主義と「過去の克服」——戦後ドイツ国民はユダヤ人とどう向き合ったのか』人文書院、2023年、70-71頁。

(71) 以上の亡命帰国者と帰国者数に関しては、*Handbuch der deutschsprachigen Emigration 1933-1945*, S. 1157-1171.

(72) Vgl., Jan Foitzik, Politische Probleme der Remigration, in: Claus-Dieter Krohn / Erwin Rotermund / Lutz Winckler / Wulf Koepke (Hg.), *Exil und Remigration*, München 1991.

(73) この論争に関しては、Johannes F. G. Grosser, (Hg.), *Die große Kontroverse. Ein Briefwechsel um Deutschland*, Hannover 1963. さらに次も参照、Herbert Wiesner, Innere Emigration. Die innerdeutsche Literatur im Widerstand, in: Hermann Kunisch, *Handbuch der deutschen Gegenwartsliteratur*, München 1963. Hans Georg Lehmann, *In Acht und Bann* の4. 1. 4. Michael Philipp, Distanz und Anpassung. Sozialgeschichtliche Aspekte der Inneren Emigration, in: *Exilforschung. Ein Internationales Jahrbuch*, Bd. 12, Aspekte der künstlichen Inneren Emigration 1933-1945, München 1994. Leonore Krenzlin, Geschichte des Scheiterns – Geschichte des Lernens? Überlegungen zur Lage während und nach der >Großen Kontroverse< und zur Motivation ihrer Akteure, in: Irmela von der Lühe / Claus-Dieter Krohn (Hg.), *Fremdes Heimatland. Remigration und literarische Leben nach 1945*, Göttingen 2005.

(74) Jost Hermand / Wigand Lange, *>Wollt ihr Thomas Mann wiederhaben?< Deutschland und die Emigranten*, Hamburg 1999, S. 36-42.

(75) Jan Foitzik, Die Rückkehr aus dem Exil und das politisch-kulturelle Umfeld der Reintegration sozialdemokratischer Emigranten in Westdeutschland, in: Manfred Briegel / Wolfgang Frühwald, (Hg.), *Die Erfahrung der Fremde*, Weinheim 1988. Hans Georg Lehmann, Rückkehr nach Deutschland? Motive, Hindernisse und Wege von Emigranten, in: Claus-Dieter Krohn / Patrik von zur Mühlen, (Hg.), *Rückkehr und Aufbau nach 1945. Deutsche Remigranten im öffentlichen Leben Nachkriegsdeutschlands*, Marburg 1997. Lehmann, *In Acht und Bann*, S. 250.

(76) Lehmann, *In Acht und Bann*, S. 243-248.

(77) Elisabeth Noelle / Erich Peter Neumann (ed.), *The Germans Public Opinion Polls 1947-1966*, Westport / Connecticut 1981, S. 201.

(78) Egon Bahr, Emigration – ein Makel? Das geistige Gift der Hitler-Jahre wirkt noch immer nach, in: *Die Zeit* vom 29. 10. 1965.

(79) Lehmann, *In Acht und Bann*, S. 256.

(80) *SZ* vom 12. 6. 1961.

(81) *Frankfurter Allgemeinung Zeitung*（以下*FAZ*と略）vom 16. 2. 1961.

(82) *FAZ* vom 12. 8. 1961.

(83) 拙著『時間／空間の戦後ドイツ史』ミネルヴァ書房、2018年、51頁。

(84) *FAZ* vom 31. 10. 1960. *Die Zeit* vom 11. 11. 1960.
(85) *Die Zeit* vom 11. 11. 1960. *Der Spiegel* vom 8. 3. 1961, S. 27.
(86) Lehmann, *In Acht und Bann*, S. 252. Vgl., *Der Spiegel* vom 11. 8. 1965, S. 33-40.
(87) *Frankfurter Rundshau*（以下*FR*と略） vom 4. 3. 1961.
(88) *FR* vom 10. 3. 1961.
(89) *SZ* vom 12. 6. 1961.
(90) Bahr, Emigration – ein Makel?
(91) Lehmann, *In Acht und Bann*, S. 262-267.

第2章◆追放と性暴力

(1) Mord im Fasanengarten, in: *Der Spiegel* vom 31. 8. 2009, S. 66ff.
(2) この報復・残虐行為に関してはノーマン・M・ナイマーク『民族浄化のヨーロッパ史——憎しみの連鎖の20世紀』山本明代訳、刀水書房、2014年の第四章が詳しい。
(3) I・ハールはこの犠牲者数を50～60万と算出している。Ingo Haar, Die deutschen Vertreibungsverluste Forschungsstand, Kontexte und Probleme, in; Rainer Mackensen / Jürgen Reulecke / Josef Ehmer (Hg.), *Ursprünge, Arten und Folgen des Konstrukts "Bevölkerung" vor, im und nach dem "Dritten Reich." Zur Geschichte der deutschen Bevölkerungswissenschaft*, Wiesbaden 2009, S. 377ff.
(4) ドイツ系住民の東方からの追放の歴史とその追放をめぐる戦後史に関しては川喜田敦子『東欧からのドイツ人の「追放」——二〇世紀の住民移動の歴史のなかで』白水社、2019年。近藤潤三「ドイツ第三帝国の崩壊と避難民・被追放者問題」『南山大学ヨーロッパ研究センター報』第20号、2014年。さらに、領土の縮小と新たな東方国境線をめぐる戦後ドイツの政治に関しては、佐藤成基『ナショナル・アイデンティティと領土——戦後ドイツの東方国境をめぐる論争』新曜社、2008年。
(5) Kurt J. Fischer, US-Zone 1947, in: Hans A. Rümelin, (Hg.), *So lebten wir… Ein Querschnitt durch 1947*, Stuttgart 1997, S. 12.
(6) Paul Erker, Revolution des Dorfes? Ländliche Bevölkerung zwischen Flüchtlingszustrom und Landwirtschaftlichem Strukturwandel, in: Martin Broszat / Klaus-Dietmar Henke / Hans Woller (Hg.), *Von Stalingrad zur Währungsreform. Zur Sozialgeschichte des Umbruchs in Deutschland*, München 1990, S. 384.
(7) Michael von Engelhardt, *Lebensgeschichte und Gesellschaftsgeschichte. Biographieverläufe von Heimatvertriebenen des Zweiten Weltkriegs*, München 2001.
(8) Ibid., 65ff.
(9) Ibid., S. 70f.
(10) Ibid., S. 71ff.
(11) Vgl., Erker, Revolution des Dorfes? Marita Krauss, Das „Wir" und das „Ihr". Ausgrenzung, Abgrenzung, Identitätsstiftung bei Einheimischen und Flüchtlingen nach 1945, in: Dierk Hoffmann / Marita Krauss / Michael Schwartz (Hg.), *Vertriebene in Deutschland. Interdisziplinäre Ergebnisse und Forschungsperspektiven*, München 2000. Manfred Jessen-Klingenberg, „In allem widerstrebt uns dieses Volk". Rassistische und fremdfeindliche Urteile über die Heimatvertriebenen und Flüchtlinge in Schleswig-Holstein 1945 – 1946, in: Karl Heinrich Pohl (Hg.), *Regionalgeschichte heute. Das Flüchtlingsproblem in Schleswig-Holstein nach 1945*, Bielefeld 1997.
(12) Anna J. Merritt / Richard L. Merritt, *Public Opinion in Occupied Germany. The HICOG Surveys, 1945-1949*, Urbana / Chicago London 1970, S. 113.

(13) Albrecht Lehmann, *Im Fremden ungewollt zuhaus. Flüchtlinge und Vertriebene in Westdeutschland, 1945-1990*, München 1991, S. 49.
(14) Karl Kurz, *Lebensverhältnisse der Nachkriegsjugend*, Bremen 1949.
(15) Engelhardt, *Lebensgeschichte und Gesellschaftsgeschichte*, S. 152ff.
(16) Ibid., S. 156.
(17) Ibid., S. 92ff.
(18) Ibid., S. 122f.
(19) Ibid., S. 161ff.
(20) Matthias Stickler, *„Ostdeutsch heißt Gesamtdeutsch". Organisation, Selbstverständnis und heimatpolitische Zielsetzungen der deutschen Vertriebenenverbände 1949 – 1972*, Düsseldorf 2004, S. 33ff.
(21) Ibid., S. 155ff.
(22) Christian Lotz, *Die Deutung des Verlusts: Erinnerungspolitische Kontroversen im geteilten Deutschland um Flucht, Vertreibung und die Ostgebiete (1948-1972)*, Böhler Verlag, 2007, S. 201f.
(23) 拙著『時間／空間の戦後ドイツ史』ミネルヴァ書房、2018年、231-235頁。
(24) この法の意義に関しては、Reinhold Schillinger, Der Lastenausgleich, in: Wolfgang Benz (Hg.), *Die Vertreibung der Deutschen aus dem Osten. Ursachen, Ereignisse, Folgen*, Frankfurt am Main 1895.
(25) 以上の統合の過程に関しては、拙著『時間／空間の戦後ドイツ史』の第3章1を参照。
(26) Stickler, *„Ostdeutsch heißt Gesamtdeutsch"*, S. 141ff.
(27) Ibid., S. 139.
(28) Sylvia Schraut, Das Flüchtlingsbild im westdeutschen Nachkriegsfilm der Besatzungszeit. in: Sylvia Schraut und Thomas Grosser, (Hg.), *Die Flüchtlingsfrage in der deutschen Nachkriegsgesellschaft*, Mannheim, 1996.
(29) Klaus Wasmund (Hg.), *Politische Plakate aus dem Nachkriegsdeutschland. Zwischen Kapitulation und Staatsgründung*, Frankfurt am Main 1984, S.229.
(30) 拙著『時間／空間の戦後ドイツ史』23-42頁を参照。
(31) この映画と「ハイマート映画」に関しては、同上65-74頁も参照
(32) https://www.imdb.com/title/tt0043605/mediaviewer/rm2399202305/（最終閲覧2025年3月18日）
(33) Vgl., Aus jenen Tagen, in: *Der Spiegel* vom 13. 1. 1960, S. 59f.
(34) 拙著『転換する戦時暴力の記憶』岩波書店、2024年、37-48頁。
(35) Vgl., Johannes Hoffmann, Von Patenschaften zu Partnerschaften. Ostdeutsche kommunale Patenschaften nach 1945 n Westfalen und ihre Wandlung zu deutsch-polnischen Städte -und Gemeindepartnerschaften in der Gegenwart, in: Paul Leidinger (Hg.), *Deutsche Ostflüchtlinge und Ostvertriebene in Westfalen und Lippe nach 1945: Beiträge zu ihrer Geschichte und zur deutsch-polnischen Verständigung,* Aschendorff 2011. Jochen Walter, Zwischen Identitätsbewahrung und Völkerverständigung. Patenschaften von Kommunen in Westfalen und Lippe über ehemals ostdeutsche und ihr Verhältnis zu Patenschaften mit osteuropäischen Kommunen, in: Leidinger (Hg.), *Deutsche Ostflüchtlinge und Ostvertriebene in Westfalen und Lippe nach 1945*. Lisa Arnold, *Die Patenschaft Solingen-Goldberg (Schlesien)als Beispiel einer „west-ostdeutschen Patenschaft" zwischen den 1950er-Jahren und der Jahrtausendwende*, Düsseldorf 2012.
(36) 拙著『時間／空間の戦後ドイツ史　いかに「一つの国民」は形成されたのか』ミネルヴァ書

房、2018年、101-104頁参照。

(37) https://de.m.wikipedia.org/wiki/Datei:DBP_1965_479_Vertreibung.jpg（最終閲覧2025年3月18日）

(38) Lehmann, *Im Fremden ungewollt zuhaus*, S. 39.

(39) Ibid., S. 36.

(40) https://www.bundespraesident.de/SharedDocs/Reden/DE/Richard-von-Weizsaecker/Reden/1985/05/19850508_Rede.html?nn=129626（最終閲覧2025年3月18日）

(41) Klaus-Jörg Ruhl (Hg.), *Deutschland 1945. Alltag zwischen Krieg und Frieden in Berichten, Dokumenten und Bildern*, Darmstadt 1984, S. 50.

(42) Norman M. Naimark, *Die Russen in Deutschland. Die sowjetische Besatzungszone 1945 bis 1949*, Berlin 1997.

(43) Johannes Kleinschmidt, *"DO NOT FRATERNIZE." Die schwierigen Anfänge deutsch-amerikanischer Freundschaft 1944-1949*, Trier 1997, S.104.

(44) Anonyma, *Eine Frau in Berlin. Tagesbuchaufzeichnungen vom 20. April bis 22. Juni 1945*, Frankfurt/M., 2003, S.51f.（『ベルリン終戦日記——ある女性の記録』山本浩司訳、白水社、2008年、68-69頁）

(45) Vgl., Elizabeth Heineman, The Hour of the Woman. Memories of Germany's "Crisis Years" and West German National Identity, in: *American Historical Review*, April 1996.

(46) Anonyma, *Eine Frau in Berlin*, S, 164f.（邦訳190頁）ただし、第5章で詳述することになっているこの日記の学術調査のなかで、この部分は戦後になって加筆されたことが指摘されている。Vgl., Yuliya von Saal, Anonyma „Eine Frau in Berlin". Geschichte eines Bestsellers, in: *Vierteljahrshefte für Zeitgeschichte*, 67 (2019) H.3, S. 372.

(47) Anonyma, *Eine Frau in Berlin*, S. 28.（邦訳43頁）

(48) Ibid., S. 224.（邦訳254頁）

(49) Ibid., S. 225.（邦訳255頁）

(50) Ibid., S. 280f.（邦訳315-317頁）

(51) Vgl., Heineman, The Hour of the Woman. Robert G. Moeller, *War Stories. The search for a usable past in the Federal Republic of Germany*, Berkeley, Los Angels, California 2003, P.51-84. Matthias Beer, Die Dokumentation der Vertreibung der Deutschen aus Ost-Mitteleuropa: Hintergründe – Entstehung – Wirkung, in: *Geschichte in Wissenschaft und Unterricht*, 50 (1999). Ders., Im Spannungsfeld von Politik und Zeitgeschichte: Das Grassforschungsprojekt 'Dokumentation der Vertreibung der Deutschen aus Ost- Mitteleuropa, in: *Vierteljahrshefte für Zeitgeschichte* 49 (1998).

(52) Vgl., Ute G. Poiger, Krise der Männlichkeit. Remaskulinisierung in beiden deutschen Nachkriegsgesellschaften, in: Klaus Neumann (Hg.), *Nachkrieg in Deutschland*, Hamburg 2001. Robert G. Moeller, The "Remasculinization" of Germany in the 1950's: Introduction, in: *Signs: Journal of Women in Culture and Society*, 1998, vol. 24. no.1.

(53) 戦後におけるこの性暴力の記憶に関しては、Regina Mühlhauser, Vergewaltigungen in Deutschland 1945. Nationaler Opferdiskurs und individuelles Erinnern betroffener Frauen, in: Klaus Naumann (Hg.), *Nachkrieg in Deutschland*, Hamburg 2001.

(54) Vgl., Joachim Kronsbein, Die Frau als Kriegsbeute, in: *Der Spiegel* vom 14. 4. 2003(16), S. 182-185. ハンス・マグヌス・エンツェンスベルガー「ドイツ語版編集者の後記」『ベルリン終戦日記』山本浩司訳、白水社、2008年、319-322頁。

第3章◆反ナチ抵抗犠牲者の記憶

(1)Stefanie Endlich / Thomas Lutz, *Gedenken und Lernen an historischen Ort*, Berlin 1995, S. 33ff. *Gedenkstätten für die Opfer des Nationalsozialismus*. Band Ⅱ. Eine Dokumentation. 2., überarbeitete und erweiterte Auflage, Bonn 1999, S. 179ff.

(2)Peter Steinbach, Ständige Ausstellung "Widerstand gegen den Nationalsozialismus" in Berlin geplant, in: *Geschichte in Wissenschaft und Unterricht*, 1984/6. Peter Steinbach, Widerstand gegen den Nationalsozialismus. Zur Konzeption der ständigen Ausstellung „Widerstand gegen den Nationalsozialismus" in der „Gedenkstätte Deutscher Widerstand" in Berlin, in: *Geschichte in Wissenschaft und Unterricht* 1986 / 8. Peter Steinbach, Vermächtnis oder Verfälschung? Erfahrungen mit Ausstellungen zum deutschen Widerstand, in: Gerd R. Ueberschär (Hg.), *Der 20. Juli. Das >Andere Deutschland< in der Vergangenheitspolitik*, Berlin 1998.

(3)デートレフ・ポイカート『エーデルワイス海賊団――ナチスと闘った青少年労働者』伊藤富雄訳、晃陽書房、2004年。竹中暉雄『エーデルヴァイス海賊団――ナチズム下の反抗少年グループ』勁草書房、1998年。第三帝国の青年抵抗運動に関しては、Alfons Kenkmann, Navajos, Kittenbach- und Edelweißpiraten. Jugendliche Dissidenten im ,Dritten Reich,' in: Wilfried Breyvogel (Hg.), *Piraten, Swings und Junge Garde. Jugendwiderstand im Nationalsozialismus*, Bonn 1991.

(4)Fritz Theilen, *Edelweißpiraten*, Köln 2003, S. 149.

(5)以下、「エーデルヴァイス海賊団」の戦後における評価に関しては、Bernd-A. Rusinek, Jugendwiderstand und Kriminalität. Zur neueren Bewertung der >Edelweißpiraten< als Widerstandsgruppe, in: Gerd R. Ueberschär (Hg.), *Der 20. Juli*. Arno Klönne, Zur Traditionspflege nicht geeignet. Wie die deutsche Öffentlichkeit nach 1945 mit der Geschichte jugendlicher Opposition im „Dritten Reich" umging, in: Wilfried Breyvogel (Hg.), *Piraten, Swings und Junge Garde*.

(6)Urteil des Bundesgerichtshofs vom 14. 7. 1961, in: Fritz Bauer (Hg.), *Widerstand gegen die Staatsgewalt. Dokumente der Jahrtausende*, Frankfurt am Main 1965, S. 260.

(7)以下はとくにRusinek, Jugendwiderstand und Kriminalität.を参照。

(8)Vgl., Pressestelle desWestdeutschen Rundfunks (Hg.), *Es gab nicht nur den 20. Juli... Dokumente aus einer Sendereihe im Westdeutschen Fernsehen*, Köln 1979.

(9)Meuten und Piraten, in: *Der Spiegel* vom 10. 12. 1979.

(10)Vgl., Matthias von Hellfeld, Edelweiß oder kriminell? in: *Die Zeit* vom 20. 10. 1989. Joachim H. Knoll, Widerstandskämpfer oder Jugendbande? Ein vertiefender, nicht aber entscheidender Beitrag zur „Kölner Kontroverse" um die Edelweißpiraten, in: *Die Zeit* vom 16. 2. 1990.

(11)以下に関しては第1章の注(55)の文献を参照。

(12)*Der Spiegel* vom 13.7.1970.

(13)Anton Hoch, Das Attentat auf Hitler in Münchener Bürgerbräukeller 1939, in; *Vierteljahrshefte für Zeitgeschichte*, 17, 1969.

(14)Joseph Peter Stern, Der Mann ohne Ideologie. Georg Elser – Hitlers wahrer Antagonist, in; *FAZ* vom 4. 11. 1978.

(15)https://www.krimpedia.de/Georg_Elser（最終閲覧2025年3月18日）

(16)Unternehmen „Walküre", in: *Die Zeit* vom 19. 2. 2004. Im Bann des Monsters, in: *Der Spiegel*

vom 21. 2. 2004. Helden und Mörder, in: *Der Spiegel* vom 12. 7. 2004.

(17)邦訳はヘルマン・フィンケ『ゾフィー21歳——ヒトラーに抗した白いバラ』若林ひとみ訳、草風館、1982年。

(18)Vgl., Barbara von Jhering, Die doppelte Sophie, in: *Der Spiegel* vom 4. 10. 1982.

(19)Vgl., *Der Spiegel* vom 8. 11. 1982, S. 233.

(20)*Brigitte*, H. 2 / 2000, S. 3.

(21)Weiße Rose in Walhalla, in: *Der Spiegel* vom 18. 12. 2000.

(22)https://commons.wikimedia.org/wiki/File:Walhalla_Halle4.jpg（最終閲覧2025年3月18日）

(23)https://www.meine-muenze.de/silbermuenzen/sophie-scholl/（最終閲覧2025年3月18日）

(24)Vgl., Im Kino, in: *Die Zeit* vom 5. 11. 1982.

(25)Die Frau, die Heldin, in: *Die Zeit* vom 29. 10. 1982.

(26)Hanno Loewy, Der Spieler, in: Christoph Weiß, >Der gute Deutsche< Dokumente zur Diskussion um Steven Spielbergs „Schindlers Liste“ in Deutschland, Röhrig, 1995, S. 208f. ローウィはシンドラーをギャンブラーとして描くスピルバーグの試みが中途半端だったとも指摘している。

(27)拙著『ホロコーストと戦後ドイツ』岩波書店、2018年、178-188頁。

(28)Florian Henckel von Donnersmarck, Deutschlands Hoffnung heißt Tom Cruise, in: *FAZ* vom 3. 7. 2007.

(29)Vgl., Betroffenheit als Instrument, in: *Der Spiegel* vom 2. 7. 2007. Jens Jessen, Tom Cruise soll Stauffenberg retten, in: *Die Zeit* vom 12. 7. 2007. Malte Herwig, Die gute Deutsche, in: *Der Spiegel* vom 12. 11. 2007.

(30)Helden vor Hakenkreuzen, in: *Der Spiegel* vom 20. 20. 2008.

(31)Harald Welzer, Der Holocaust im deutschen Familiengedächtnis, in: Volkhard Knigge / Norbert Frei (Hg.), *Verbrechen erinnern. Die Auseinandersetzung mit Holocaust und Völkermord*, München 2002. Vgl., Harald Welzer / Sabine Moller / Karoline Tschuggnall, *Opa war kein Nazi. Nationalsozialismus und Holocaust im Familiengedächtnis*, Frankfurt am Main 2002.

(32)拙著『ホロコーストと戦後ドイツ』岩波書店、2018年、132頁。

(33)国防軍関係者の「救済者」に関してはヴォルフラム・ヴェッテ編『軍服を着た救済者たち——ドイツ国防軍とユダヤ人救出工作』白水社、2014年が関口宏道によって翻訳されている。

(34)Vgl., Gedenkstätte Stille Helden in der Stiftung Gedenkstätte Deutscher Widerstand (Hg.), *Stille Helden – Widerstand gegen die Judenverfolgung 1933-1945*, 2. Überarbeitete Auflage, Berlin 2009.

(35)https://www.gedenkstaette-stille-helden.de/gedenkstaette/（最終閲覧2025年3月18日）

(36)Thomas Kleine-Brockhoff / Dirk Kurbjuweit, Die anderen Schindlers, in: *Die Zeit* vom 1. 4. 1994.

第4章◆追放の記憶

(1)拙著『時間／空間の戦後ドイツ史』ミネルヴァ書房、2018年の第6章の1を参照。

(2)Vgl., Hans Werner Rautenberg, Die Wahrnehmung von Flucht und Vertreibung in der deutschen Nachkriegsgeschichte bis heute, in: *Aus Politik und Zeitgeschichte* B53 / 1997, S. 34-46. Bernd Faulenbach, Die Vertreibung der Deutschen aus den Gebieten jenseits von Oder und Neiße. Zur wissenschaftlichen und öffentlichen Diskussion in Deutschland, in: *Aus Politik und Zeitgeschichte* B / 51-52 / 2002. Helga Hirsch, Flucht und Vertreibung.

Kollektive Erinnerung im Wandel, in: *Aus Politik und Zeitgeschichte* B40-41 / 2003.

(3) Vgl., Constantin Goschler, „Versöhnung" und "Viktimisierung". Die Vertriebenen und der deutsche Opferdiskurs, in: *Zeitschrift für Geschichtswissenschaft*, H. 10, 2005. Samuel Salzborn, The German Myth of a Victim Nation: (Re-)presenting Germans as Victims in the New Debate on their Flight and Expulsion from Eastern Europe, in: Helmut Schmitz, ed. *A Nation of Victims? Representations of German Wartime Suffering from 1945 to the Present*, Amsterdam / New York 2007. Peter Haslinger, Opferkonkurrenzen und Opferkonjunkturen, Das Beispiel von „Flucht und Vertreibung" in Deutschland seit 1990, in: *Geschichte in Wissenschaft und Unterricht*, 62, H. 3/4 2011. 佐藤成基「ドイツ人の『追放』、日本人の『引揚げ』:その戦後における語られ方をめぐって」『立命館言語文化研究』29巻3号、2018年。

(4) Rainer Schulze / Doris von der Brelie-Lewien / Helga Grebing (Hg.), *Flüchtlinge und Vertriebene in der westdeutschen Nachkriegsgeschichte. Bilanzierung der Forschung und Perspektiven für die künftige Forschungsarbeit*, Hildesheim 1987.

(5) Reinhard Müller, Die zweite Vertreibung. Eine Auseinandersetzung mit dem Verbrechen an Millionen von Deutschen findet nicht statt, in: *FAZ* vom 20. 4. 1998.

(6) Herbert Ammon, Stiefkind der Zunft. Die deutsche Zeitgeschichtsforschung hat sich für das Thema Vertreibung wenig interessiert, in: *FAZ* vom 5. 9. 1997.

(7) Manfred Kittel, *Vertreibung der Vertriebenen? Der historische deutsche Osten in der Erinnerungskultur der Bundesrepublik (1961-1982)*, München 2007.

(8) Stiftung Haus der Geschichte der Bundesrepublik Deutschland, (Hg.), *Flucht, Vertreibung, Integration*, Bielefeld 2006.

(9) Andreas Kossert, *Kalte Heimat. Die Geschichte der deutschen Vertriebenen nach 1945*, München 2008.

(10) *TAZ* vom 22. 5. 1998.

(11) https://www.nuernberg.de/imperia/md/menschenrechte/dokumente/menschenrechte/mr_stadtbild/25jahre_plakataktion.pdf（最終閲覧2025年3月18日）

(12) https://www.nuernberg.de/internet/menschenrechte/strasse_der_menschrechte.html（最終閲覧2025年3月18日）

(13) このセンターとそれをめぐる論争に関しては、Samuel Salzborn, Geschichtspolitik in den Medien: Die Kontroverse über ein „Zentrum gegen Vertreibungen", in: *Zeitschrift für Geschichtswissenschaft* 51, 2003.

(14) „Was haben wir uns angetan?", in: *Die Zeit* vom 28. 8. 2003

(15) Vgl., *Spiegel ONLINE* vom 13. 8. 2003.

(16) Umfrage: Polen zweifeln an Deutschen, in: *FAZ* vom 23. 10. 2003.

(17) Salzborn, Geschichtspolitik in den Medien. Hans-Urlich Wehler, Einleitung, in: Stefan Aust / Stephan Burgdorff (Hg.), *Die Flucht. Über die Vertreibung der Deutschen aus dem Osten*, Müchen, 2005.

(18) *Erzwungene Wege. Flucht und Vertreibung im Europa des 20. Jahrhunderts* (Katalog zur Ausstellung des Zentrum gegen Vertreibungen im Kronprinzenpalais Berlin), Potsdam, 2006.

(19) Gleichwertigkeit des Leidens, in: *Die Zeit* vom 31. 1. 2006.

(20) Gunter Hofmann, Trübe Wege, in: *Die Zeit* vom 10. 8. 2006.

(21) Die Probe, in: *FAZ* vom 8. 8. 2006.

(22) Karl-Peter Schwarz, Anker der Erinnerung, in: *FAZ* vom 10. 8. 2006.

(23) *Erzwungene Wege*, S. 8.

(24) Erika Steinbach, Opfer und Täter, in: http://www.deutschlandjournal.de/Deutschland_

Journal_-_Jahresau/Deutschland_Journal_-_Jahresau/Opfer_und_Tater.pdf（最終閲覧2022年2月26日）

(25) この財団とセンターの成立過程に関しては以下を参照。Dirk Burczyk, Neue Wege der Versöhnung – Der Weg zum sichtbaren Zeichen gegen Vertreibung, in: Jan Korte / Gerd Wiegel (Hg.): *Sichtbare Zeichen. Die neue deutsche Geschichtspolitik – von der Tätergeschichte zur Opfererinnerung*. Köln 2009, S. 14–29.

Wolfgang Benz, Zur Debatte: Flucht, Vertreibung, Versöhnung, in: https://www.bpb.de/themen/erinnerung/geschichte-und-erinnerung/39826/zur-debatte-flucht-vertreibung-versoehnung/（最終閲覧2025年3月18日）

Vincent Regente, Stiftung Flucht, Vertreibung, Versöhnung, in: *Online-Lexikon zur Kultur und Geschichte der Deutschen im östlichen Europa*. https://ome-lexikon.uni-oldenburg.de/begriffe/stiftung-flucht-vertreibung-versoehnung（最終閲覧2025年3月18日）

Stephan Raabe / Anne Velder: "*Flucht, Vertreibung, Versöhnung*". *Reaktionen in Polen auf die Besetzung des Wissenschaftlichen Beirates, Vorgeschichte und Konzepte des Stiftungsprojekts*. Hg. v. Konrad-Adenauer-Stiftung, 07.12.2010. https://www.kas.de/documents/252038/253252/7_dokument_dok_pdf_21385_1.pdf/628acb6e-1dc8-781f-94cd-b9e82dcc46c3?version=1.0&t=1539667556941（最終閲覧2025年3月18日）

Vincent Regente: Stiftung Flucht, Vertreibung, Versöhnung, in: *Online-Lexikon zur Kultur und Geschichte der Deutschen im östlichen Europa*. 15. März 2018. https://ome-lexikon.uni-oldenburg.de/begriffe/stiftung-flucht-vertreibung-versoehnung（最終閲覧2025年3月18日）

(26) *Gesetz zur Errichtung einer Stiftung "Deutsches Historisches Museum"* (DHMG) Ausfertigungsdatum: 21.12.2008. https://www.gesetze-im-internet.de/dhmg/DHMG.pdf（最終閲覧2025年3月18日）

(27) Merkel spielt auf Zeit, in: *Süddeutsche Zeitung* vom 17. 5. 2010. https://www.sueddeutsche.de/politik/streit-um-steinbach-merkel-spielt-auf-zeit-1.475328（最終閲覧2025年3月18日）

(28) Feindbild Nummer eins, Von Ralf Neukirch und Jan Puhl, in: *Der Spiegel* vom 20. 2. 2009.

(29) Vertreibung aus dem Leben, Interview mit dem polnischen Historiker Tomasz Szarota, in: Der Spiegel vom 3. 1. 2010. Polnischer Historiker verlässt Beirat, in: *Spiegel Online* vom 16. 12. 2009.

(30) Sven Felix Kellerhoff: Dauerstreit bei der Versöhnung, in: *Die Welt*, 14. 03. 2010: www.welt.de/welt_print/politik/article6764205/Dauerstreit-bei-der-Versoehnung.html（最終閲覧2025年3月18日）

Ralf Beste und Michael Sontheimer, Im Kern gefährdet, in: *Der Spiegel* vom 14. 03. 2010.

(31) Salomon Korn, 66, Vize des Zentralrats der Juden, über den Streit um die Stiftung Flucht, Vertreibung, Versöhnung, in: *Der Spiegel* vom 10. 3. 2010.

(32) Franziska Augstein: Versöhnen oder verhöhnen In: Süddeutsche Zeitung vom 31. 7 2010. Zentralrat der Juden verärgert über Vertriebenenstiftung, in: *Die Zeit* vom 6. 9. 2010.

Steinbach verteidigt Polen-Äußerungen, in: *ZEIT ONLINE* vom 9. 9. 2010. Sven Felix Kellerhoff: Zentralrat stoppt Mitarbeit in Vertriebenen-Stiftung. In: Die Welt, 06.09.2010: www.welt.de/politik/deutschland/article9441982/Zentralrat-stoppt-Mitarbeit-in-Vertriebenen-Stiftung.html（最終閲覧2025年3月18日）

(33) Martin Schulze Wessel, K. Erik Franzen, Claudia Kraft, Stefanie Schüler-Springorum, Tim Völkering, Volker Zimmermann, Martin Zückert: *Konzeptionelle Überlegungen für die Ausstellungen der "Stiftung Flucht, Vertreibung, Versöhnung"*: hsozkult.geschichte.hu-berlin.de/forum/id=1355&type=diskussionen（最終閲覧2025年3月18日）

https://epub.ub.uni-muenchen.de/13124/1/schulze_wessel_13124.pdf（最終閲覧2025年3月18日）

(34) Thierse fordert öffentliche Diskussion, *Der Spiegel* vom 24. 10. 2010.

(35) Tim Völkering, "Flucht und Vertreibung" ausstellen–aber wie? Konzepte für die Dauerausstellung der "Stiftung Flucht, Vertreibung, Versöhnung" in der Diskussion, in: *Gesprächskreis Geschichte*, Heft 93, 2011. file:///C:/Users/user/Documents/%E7%8A%A0%E7%89%B2%E8%80%85%E3%81%AE%E6%AD%B4%E5%8F%B2%E6%94%BF%E6%B2%BB%E5%AD%A6/08864.pdf（最終閲覧2025年3月18日）

(36) このセンターに関しては財団が刊行したカタログを参照。Die Stiftung Flucht, Vertreibung, Versöhnung (Hg.), *Flucht Vertreibung Versöhnung. Katalog zur Ständigen Ausstellung*, Berlin 2024.

(37) Vgl., Benz, Zur Debatte: Flucht.

(38) Karl-Heinz Barthelmes, *Heinz Rudolf Kunze. Meine eigenen Wege*, München 2007. Heinz Rudorf Kunze, „Ich bin als Kleinbürger geboren," in: *FAZ* vom 2. 3. 2016.

(39) 拙稿「ドイツ大衆音楽の空間表象――民謡からパンクまで」『ドイツ研究』46、2012年、第６章を参照。

(40) Karsten Witte, Von der Größe der kleinen Leute. Die Ehrenrettung eines Genres: Edgar Reitz' elfteiliger Fernsehfilm „Heimat", in: *Die Zeit*, Nr. 38, 14. 9. 1984. Anton Kaes, *Deutschlandbilder. Die Wiederkehr der Geschichte als Film*, München 1987のⅥ章、岩崎稔「表象のポリティックスと映像の修正主義」小岸昭ほか編『ファシズムの想像力』人文書院、1997年を参照。

(41) Elf Millionen Zuschauer. „Die Flucht" bring ARD-Quoten, in: *FAZ* vom 6. 3. 2007. Zuschauermagnet. Zehn Millionen sehen „Die Flucht", in: *FAZ* vom 7. 3. 2007.

(42) 8.45Millionen, in: *FAZ* vom 4. 3. 2008.

(43) Schmacht fiel über Gotenhafen, in: *FAZ* vom 29. 2. 2008.

(44) Tanja Dückers, Alles nur Opfer, in: *Die Zeit* vom 6. 3. 2008.

(45) Nikolaus von Festenberg, Adel verdichtet. Mit dem Zweiteiler „Die Flucht" erobert die ARD-Renommee zurück, in: *Der Spiegel* vom 26. 2. 2007, S. 192. Evelyn Finger, Die Ohnmacht der Bilder. Der ARD-Zweiteiler >Die Flucht< zeigt die Vertreibung der Deutschen aus dem Osten – und die Tücken des Geschichts-TV., in: *Die Zeit* vom 1. 3. 2007.

(46) Von Festenberg, Adel verdichtet, S. 193.

(47) Ibid.

(48) Finger, Die Ohnmacht der Bilder.

第5章◆性暴力犠牲の語りとトラウマ

(1) Vgl., Silke Schneider, Befreier vs. Befreite? NS-Vergangenheit und Weltkrieg in Geschlechterperspektive, in: Michael Klundt (Hg.), *Heldenmythos und Opfertaumel. Der Zweite Weltkrieg und seine Folgen im deutschen Geschichtsdiskurs*, Köln 2004. Trophäen für die Sieger, in: *Der Spiegel* vom 1. 6. 1992.

(2) Helke Sander / Barbara Johr (Hg.), *BeFreier und Befreite. Krieg Vergewaltigungen Kinder*, München 1992.（ヘルケ・サンダー、バーバラ・ヨール編著『1945年 ベルリン解放の真実――戦争・強姦・子ども』寺崎あき子・伊藤明子訳、パンドラ、1996年）

(3) Vgl., *Der Spiegel* vom 2. 6. 2003 (23) bis 15. 9. 2003 (38).

(4) Jens Bisky, Kleine Fußnote zum Untergang des Abendlandes. Im Frühjahr der Befreiung: Das Berliner Tagebuch einer Unbekannten erzählt von Hunger und Vergewaltigungen, in:

SZ vom 10. 6. 2003. Ders. Wenn Jungen Weltgeschichte spielen, haben Mädchen stumme Rollen. Wer war die Anonyma in Berlin? Frauen, Fakten und Fiktionen – Anmerkungen zu einem großen Bucherfolg dieses Sommers, in: *SZ* vom 24. 9. 2003.

(5) „Verdeckte Ermittlungen von Schnüfflern", in: *Der Spiegel* vom 29. 9. 2003, S. 147.

(6) Anonyma-Tagebücher „authentisch", in *Der Spiegel* vom 19. 1. 2004, S. 135.

(7) Volker Ullrich, Die Zweifel bleiben. Walter Kempowskis Gutachten zum Buch der Anonyma, in: *Die Zeit* vom 22. 1. 2004.

(8) Götz Aly, Ein Fall für Historiker. Offene Fragen um das Buch „Eine Frau in Berlin", in: *SZ* vom 18. / 19. 10. 2003.

(9) この映画が公開された8年後の2016年、すでに永逝したマーレク夫妻の子息が日記の手書きの原文とタイプ原稿のコピーだけではなく、出版社との通信文書や私書を含むヒラースの遺品を現代史研究所の公文書館に引き渡した。これによってこの日記の歴史学的検証が可能になり、2019年に歴史家のY・フォン・ザールが『季刊現代史』誌にその結果を公表した。それによれば、ドイツ語版が56年に出版される機会に作者のヒラースは原文の日記に改変と加筆を行っており、それは登場人物の匿名化や歴史的事実との齟齬の修正といったレベルにとどまらなかった。そこでは脚色が加えられることで、現代史のドキュメントとして刊行されたこの日記は文学的性格を帯びた。たとえば、レイプと売春の境界が曖昧化したことを記した記述は原文では示唆の程度に収まっていたが、戦後のこの段階で強調されたのだという。ザールの結論は以下のとおりである。「これまで指摘したきたいくつかのことからこのベストセラーは、時代のドキュメントや真正なものとしてではなく、日記の形を取った文学的性格の強いモノローグとして読まれるべきである。ただし、そこで記録された出来事や観察を歴史家にとって役に立たないと言い切る必要はない。たとえば出版本におけるレイプに関する描写は手書きの原本のものとほぼ同じである。それが集団現象であったが、それに対する向き合い方は多様であったということをヒラースの日記はまったく真正に詳述している。」Yuliya von Saal, Anonyma „Eine Frau in Berlin". Geschichte eines Bestsellers, in: *Vierteljahrshefte für Zeitgeschichte*, 67 (2019) H.3. つまり、私たちはこの日記をナチ時代の史料として利用するだけではなく、むしろナチ時代を描いた戦後制作の映画のように、戦後におけるナチ時代の歴史的表象の史料として歴史学的価値を認めるべきであろう。

(10) Anonyma, *Eine Frau in Berlin. Tagesbuchaufzeichnungen vom 20. April bis 22. Juni 1945*, Frankfurt/M., 2003, S. 86.（邦訳107頁）

(11) Ibid., S. 140.（邦訳164頁）

(12) Joachim Kronsbein, „Wie oft?", in: *Der Spiegel* vom 20. 10. 2008, S. 168.

(13) Der Schrecken schmockt in Bonbonfarben, in: *FAZ* vom 22. 10. 2008.

(14) 拙著『転換する戦時暴力の記憶』岩波書店、2014年、第2章第2節。

(15) Jörg Friedrich, *Der Brand. Deutschland im Bombenkrieg 1940-1945*, München 2002.（イェルク・フリードリヒ『ドイツを焼いた戦略爆撃 1940-1945』香月恵里訳、みすず書房、2011年）この著作と空襲論争に関する邦語の紹介として柳原伸洋「戦後ドイツの歴史論争に空襲論争を位置づける:「被害者の国家」の形成」『独語独文学研究年報（北海道大学ドイツ語学・文学研究会)』44巻、2018年を参照。

(16) Andreas Kilb, Das Zeugnis, in: *FAZ* vom 30. 11. 2002.

(17) Sabine Bode, *Die vergessene Generation. Die Kriegskinder brechen ihr Schweigen*, München Erweiterte aktualisierte Taschenbuchausgabe 2011.

(18) Hilke Lorenz, *Kriegskinder. Das Schicksal einer Generation*, Berlin 2005.

(19) Gertrud Ennulat, *Kriegskinder. Wie die Wunden der Vergangenheit heilen*, Stuttgart 2008.

(20) Yury und Sonya Winterberg, *Kriegskinder. Erinnerungen einer Generation*, München 2009.

(21) Bode, *Die vergessene Generation*, S. 11ff.

(22) Merlind Theile, Leistung statt Leid, in: *SPIEGEL Special* 1. 2006, S. 42.

(23) *SPIEGEL Special*, Als Feuer vom Himmel fiel. Der Bombenkrieg gegen die Deutschen, Hamburg 2003, S. 124f.

(24) „Dir ist was Schreckliches passiert", in: *Der Spiegel* vom 25. 4. / 2005 S. 174f.

(25) Fauke Teegen / Verena Meister, Traumatische Erfahrungen deutscher Flüchtlinge am Ende des Ⅱ. Wertkriegs und heutige Belastungs störungen, in: *Zeitschrift für Gerontopsychologie und -psychiatrie*, 13 (3/4), 2000, S. 112ff.

(26) Uwe Langendorf, Heimatvertreibung – Das stumme Trauma. Spätfolgen von Vertreibung in der zweiten Generation, in: *Analytische Psychologie* 136, 2 / 2004.

(27) „Der Körper vergisst nicht", in: *Der Spiegel* vom 21. 2. 2009, S. 46ff.

(28) Helmut Radebold (Hg.), *Psychosozial 92. Kindheiten im II. Weltkrieg und ihre Folgen*, Gießen 2003.

(29) Anne-Ev Ustorf, *Wir Kinder der Kriegskinder. Die Generation im Schatten des Zweiten Weltkriegs*, Freiburg / Basel / Wien 2008.

(30) Vgl., Thilo Wydra, Das Trauma wird vererbt, in: *Die Zeit* vom 6. 5. 2013.

(31) この映画の比較に関しては、拙著『時間／空間の戦後ドイツ史』第1章2を参照。

(32) *Der Spiegel* vom 25. 3. 2013.